PRÉFECTURE DU DÉPARTEMENT DE LA SEINE.

OCTROI DE PARIS.

INSTRUCTION SUR LA JAUGE

Et le pesage des spiritueux.

PARIS

IMPRIMERIE ET LIBRAIRIE ADMINISTRATIVES

DE PAUL DUPONT,

Rue de Grenelle-Saint-Honoré, 45, Hôtel des Fermes.

1861

JAUGE PELEVILAIN

EN USAGE A PARIS

Avec les modifications nécessaires pour déterminer la capacité des fûts de toute provenance.

La jauge est un instrument avec lequel on obtient la contenance d'un tonneau sans faire de calcul, ou pour mieux dire des cubatures toutes faites.

Le tonneau à jauger est composé de deux cercles inégaux : celui du diamètre des fonds, qui est plus petit, et celui du bouge, qui est plus grand. Cette différence entre les deux cercles nécessite deux instruments : celui du bouge, qui sert à mesurer le grand cercle, et celui de de la jauge proprement dite, qui sert à mesurer les fonds et la longueur. La jauge détermine la capacité des fonds sur une longueur donnée ; le bouge sert à rectifier les données de la jauge et à établir un diamètre moyen des fonds et du bouge, ou plutôt à ramener le fût à l'état de cylindre.

La forme et la capacité des fûts variant à l'infini, il a été établi quinze barèmes qui suffisent pour les jauger tous ; neuf de ces barèmes sont placés sur la petite jauge et six sur la grande.

La base de ce système, pour chaque barème, est une longueur déterminée, produisant plus ou moins de décalitres, suivant que les diamètres sont plus ou moins grands.

Pour évaluer ou jauger un tonneau, il faut y appliquer un des barèmes de la jauge ; mais pour bien les comprendre et ne pas les confondre, il faut se graver dans la mémoire les observations suivantes :

1° Chaque barème a deux signes ou caractères distincts : le plus rapproché du crochet est celui qui indique le diamètre ; il est toujours marqué par deux clous jaunes qui fixent le point où ces diamètres commencent. Le signe le plus éloigné du crochet, et semblable au premier, est celui qui fixe la longueur : il est également marqué par deux clous jaunes ;

2° Les clous des diamètres sont placés au centre de la jauge ; c'est cette position centrale qui les distingue de ceux qui servent à déterminer les longueurs, lesquels sont généralement placés sur le côté. Les mêmes clous jaunes de diamètre, sont, sur certains barèmes, accompagnés de clous blancs, rouges et noirs ; mais ces clous de diverses couleurs ne changent rien au diamètre ; ils ne servent qu'à indiquer à la longueur celle des couleurs qui doit être prise pour augmenter ou diminuer la capacité trouvée au diamètre, suivant que la longueur du tonneau dépasse ou n'atteint pas celle qui est déterminée par le barème ;

3° Comme le tonneau à mesurer n'a que très-rarement la longueur indiquée sur le barème, on a placé des clous croissants et décroissants à la longueur, pour indiquer les litres qu'il faut ajouter ou diminuer sur le produit donné par le diamètre ; ces clous sont de quatre couleurs : jaunes, blancs, rouges ou noirs.

Si l'on demande pourquoi ces clous, qui représentent tous un décalitre, ne sont pas de la même couleur, on répondra que cette distinction était indispensable, par la raison que plus un tonneau ramené au cylindre a de diamètre, moins il faut de longueur pour produire un décalitre à ajouter ou à diminuer au produit du diamètre. Ceci explique suffisamment pourquoi les clous jaunes et les blancs de longueur sont plus éloignés les uns des autres que les rouges et que les noirs, et pourquoi aussi ces diverses couleurs sont indiquées aux diamètres.

Il résulte de cette combinaison que lorsque le diamètre des fonds et bouge réduits approche des clous jaunes, c'est de cette couleur qu'il faut se servir à la longueur pour augmenter ou diminuer la capacité donnée par les diamètres, et que si ce même diamètre atteint la couleur blanche, rouge ou noire, c'est toujours sur la couleur correspondante qu'il faut régler la longueur.

Quand le diamètre arrive entre deux séries, il faut compter la moyenne des deux séries à la longueur.

Chaque barème est indiqué par un signe particulier qui est répété deux fois. Celui qui est le plus rapproché du crochet indique le diamètre moyen, il est toujours marqué par deux points jaunes, et celui qui se trouve le plus éloigné indique la longueur déterminée, c'est-à-dire celle que le fût doit avoir pour contenir le nombre de litres indiqué par les clous de diamètre ; il est également indiqué par deux points jaunes.

Le diamètre se compte à partir de la pointe du crochet, et la longueur à partir de l'intérieur du crochet qui embrasse les douves.

La longueur est calculée de manière à tenir compte de 40 millimètres et demi de jables de chaque côté sur tous les fûts, et de onze millimètres pour chaque fond sur les fûts qui se jaugent sur la petite jauge, excepté le *muid*, dont l'épaisseur des fonds est prise pour 18 millimètres, ainsi que sur tous les fûts qui se jaugent sur la grande jauge. Il sera reparlé plus loin des jables et des fonds.

Avant de parler de la manière de jauger, nous allons donner une explication générale sur chacun des barèmes qui se trouvent sur la petite et sur la grande jauge.

PETITE JAUGE.

Face N° 1.

Barillage. — Le barillage placé sur la face n° 1 n'est pas établi sur le même système que les autres barèmes qui sont placés sur les deux jauges. Son système, qui est celui de la jauge cylindrique, ne donne de résultats qu'avec le calcul, tandis que les autres barèmes sont à divisions fixes et donnent des résultats sans calcul.

Ainsi, pour obtenir un résultat en litres sur le barillage, il faut multiplier les clous des fonds et du bouge par les clous de longueur, c'est-à-dire réunir les clous des deux fonds, en prendre la moitié, la réunir aux clous du bouge et en prendre également la moitié, ce qui donne le diamètre moyen des fonds et bouge réduits qui, multiplié par les clous de longueur, donne la capacité du baril.

Exemple sur un baril de 38 litres :

1er fond.............	4 clous 6/10es	
2e fond.............	4 — 4/10	
Total........	9 clous »	Longueur : 7 clous 6/10es
La moitié est de......	4 clous 5/10es	
Bouge..........	5 — 6/10	
Total.......	10 clous 1/10e	
La moitié est de......	5 clous 5/10es	
× la longueur.......	7 — 6/10	
	3 030	
	35 35	
Total.......	38,380	Soit : 38 litres 38 centilitres.

Si un baril donnait 7 clous aux fonds et bouge réduits et 10 à la longueur, il serait plus convenable de le jauger sur le quart-muid.

Clous du barillage. — Les clous de diamètre du barillage sont jaunes et au nombre de 7 ; ils commencent au bout du crochet et se terminent au signe QT ou quart-muid. Ceux qui marquent la longueur sont au nombre de 11 et de couleur rouge ; ils commencent en dedans du crochet et se terminent au-dessus du signe QT, indiquant la longueur du quart-muid.

Les clous jaunes sont au centre du bâton et les rouges sont un peu sur le côté. Au cinquième clou rouge il y en a deux ensemble : ce deuxième clou n'est pas placé là pour être compté double, mais seulement pour dispenser l'opérateur de recourir au premier pour compter ; il suffit de savoir que ce double clou est au nombre 5.

Quart-Muid.

Le quart-muid est marqué à ses fonds par le caractère Q 7, indiquant 7 décalitres, avec un clou croissant, qui est le premier au-dessus du signe, et un clou décroissant, qui est le premier au-dessous. Sa longueur est indiquée par le même signe : elle a un clou décroissant à 74 millimètres du signe ; ce clou se trouve placé sur le côté, au-dessus du caractère *Ch*; un clou croissant à la même distance se trouve au-dessus du dernier clou rouge du barillage.

On jauge sur ce signe le quart-muid bourgogne, le quart-bière et les autres fûts de cette contenance.

Quartaut-Champagne.

Ce barème, qui est supprimé sur la face n° 1, est confondu avec le quart-Orléans sur la face n° 2.

Champagne.

On jauge sur ce barème les pièces Champagne, Renaison, Mâcon, Bordeaux, Marseille, Cahors, Gaillac et toutes les pièces qui sont à peu près de ces contenances.

Le diamètre des fonds est marqué *Ch.* 20, indiquant 20 décalitres. Il a trois diamètres décroissants placés au-dessous des deux points jaunes et quatre croissants placés au-dessus. Les deux points qui sont placés au 23e décalitre indiquent un deuxième diamètre moyen.

La longueur est indiquée par le même signe *Ch*; elle a deux décalitres décroissants : un, point jaune à 0,0361 dix millimètres, et un, point blanc à 0,0314 dix millimètres. Elle a six décalitres croissants, trois points jaunes et trois points blancs, placés aux mêmes distances.

Face N° 2. — Quartaut.

On jauge sur ce signe toutes les demi-pièces, contenant de 80 à 1 0 litres, ainsi que les rondelles de bière du Nord : on peut égalemen' jauger les petites pièces Sancerre, qui sont trop courtes pour la de, queue-Orléans.

Il est marqué à ses fonds par le caractère Q^{to} 10, indiquant dix déca litres. Il a deux diamètres décroissants, placés au-dessous du signe, et sept croissants, au-dessus, qui se terminent par deux points blancs, et dont le dernier est sous le chiffre 21. Les deux points blancs qui se trouvent au-dessus du chiffre 14 indiquent un deuxième diamètre moyen approprié aux rondelles de bière.

Sa longueur est indiquée par le même signe et par deux points jaunes qui se trouvent entre les chiffres 29 et 33. Elle a deux décalitres décroissants, un jaune à 58 millimètres et un blanc à 39; ils sont tous les deux entre les chiffres 25 et 29. Elle a un décalitre croissant jaune et deux blancs aux mêmes distances que les décroissants; ce sont les trois premiers clous au dessus du chiffre 33.

Les clous croissants et décroissants jaunes, qui sont placés à une distance égale au dixième de la longueur du barème, valent autant de litres chacun qu'il y a de décalitres aux fonds et bouge réduits, c'est-à-dire qu'à huit décalitres ils valent huit litres et qu'à quatorze décalitres ils valent quatorze litres. On aurait pu se dispenser de mettre une série de clous blancs; néanmoins, elle y a été ajoutée pour faciliter les opérations, mais il ne faut pas perdre de vue que chacun de ces clous blancs ne vaut que dix litres et qu'on ne doit s'en servir que quand le diamètre est à cette couleur.

1/2 Queue-Orléans.

On jauge sur ce barème les pièces Pouilly, Sancerre, Chinon Nantaises, Riceys, Orléans, Blois, Cher, Beaune, Vouvray, Châlonaises, Tavel, Auvergne et tous les demi-muids qui sont trop courts pour être jaugés sur les nᵒˢ 3 et 4.

Il est désigné à ses fonds par le caractère *Or* 21, marquant 21 décalitres; il a deux décalitres décroissants (clous jaunes) qui se croisent avec les croissants du quartaut qui sont blancs, et douze décalitres croissants.

Il a quatre diamètres moyens qui sont placés, savoir :

Le 1ᵉʳ, clous jaunes, à 21 décalitres; le 2ᵉ, clous blancs, à 24 décalitres; le 3ᵉ, clous rouges, à 29 décalitres; et le 4ᵉ, clous noirs, à 32 décalitres.

Sa longueur est indiquée par le même signe *Or*, et ses décalitres sont :

CROISSANTS :			DÉCROISSANTS :		
5 clous jaunes	à 0,035	millimètres.	1 clou jaune	à 0,035	millimètres.
6 dᵒ blancs	à 0,029	dᵒ	1 dᵒ blanc	à 0,029	dᵒ
7 dᵒ rouges	à 0,024	dᵒ	1 dᵒ rouge	à 0,024	dᵒ
8 dᵒ noirs	à 0,022	dᵒ	1 dᵒ noir	à 0,022	dᵒ

Ces clous décroissants sont les quatre qui sont les plus rapprochés du signe de longueur.

Face Nᵒ 3. — Feuillette Bourgogne.

Ce barème, quoique spécial à la feuillette, peut également servir à jauger d'autres fûts, tels que ceux de 150 à 160 litres, qui viennent d'Amérique.

Il est marqué à ses fonds par le caractère *F* 13, indiquant 13 décalitres.

Il a un décalitre décroissant et deux croissants de diamètre.

Sa longueur est désignée par le même caractère *F* et deux points jaunes qui se trouvent entre les chiffres 48 et 52. Elle a un décalitre décroissant, clou jaune, à 51 millimètres, placé sur le côté et au-dessus du chiffre 44, et un décalitre croissant, à la même distance, placé à côté du chiffre 50.

Muid.

On jauge sur ce barème tous les fûts du midi qui sont trop courts pour être jaugés sur la pipe de la grande jauge et qui sont trop longs pour les faces nᵒˢ 2 et 4 de la petite jauge. On y jauge aussi les pipes de rhum, les armagnacs, les fûts allemands et certains fûts anglais. La longueur et le diamètre ont été augmentés de manière à servir pour des muids dont la contenance peut s'élever jusqu'à 750 litres.

Le muid est marqué à ses fonds par le caractère *M* 30, indiquant 30 décalitres; il a deux diamètres décroissants et 30 croissants qui se terminent au chiffre 60. Ses diamètres moyens sont placés savoir : le 1er, clous jaunes, à 30 décalitres ; le 2e, clous blancs, à 38; le 3e, clous rouges, à 47, et le 4e, clous noirs, à 55 décalitres.

Sa longueur est désignée par le même caractère *M*, et les décalitres sont :

DÉCROISSANTS :	CROISSANTS :
2 clous jaunes à 0,0290	7 clous jaunes à 0,0290
2 d° blancs à 0,0235	9 d° blancs à 0,0235
3 d° rouges à 0,0185	12 d° rouges à 0,0185
4 d° noirs à 0,0158	14 d° noirs à 0,0158

On se sert de la formule 60 à la jauge.

Face N° 4. — 1/2 Busse.

On jauge sur ce barème la tonne d'huile, les 1/2 busses de cognac et de la Rochelle, le sixain-malaga , le quart-anjou, le quart-madère , et tous les fûts allongés et élévés au bouge.

Son diamètre est désigné aux fonds par le caractère $\overset{10}{\underset{1/2}{Be}}$ indiquant dix décalitres; il a trois clous décroissants et six croissants qui se terminent au signe de la busse ; les derniers clous sont blancs pour être plus facilement distingués des décroissants de l'autre barème qui sont jaunes. La demi-busse a un deuxième diamètre moyen, clous blancs, à 14 décalitres.

Sa longueur est désignée par le même signe $\underset{1/2}{\overset{Be}{—}}$; elle a deux clous décroissants, un jaune, à 66 millimètres, placé au-dessus du chiffre 40 et un blanc, à 47 millimètres. Elle a trois décalitres croissants jaunes et quatre blancs, placés aux mêmes distances que les décroissants. Le dernier des jaunes se trouve un peu au-dessus de la longueur de la busse. et le dernier des blancs un peu au-dessous. (Ces deux derniers clous sont utiles pour jauger des fûts du Portugal qui ont la longueur de la busse et le diamètre de la 1/2 busse).

Ce qui est dit des clous de longueur du quartaut, (face n° 2), s'applique à ceux de la demi-busse, c'est-à-dire que les clous blancs comptent pour dix litres et les clous jaunes pour autant de litres qu'il y a de décalitres au diamètre.

Busse-Cognac.

On jauge sur ce barème les longuettes-jarnac, les busses-saumur, anjou et cognac, les tiercerolles du Roussillon, les barriques montpellier et du Béarn, et tous les fûts allongés qui ont la forme des pipes.

La busse-cognac est désignée à ses fonds par le caractère B^E 21, indiquant 21 décalitres; elle a deux diamètres décroissants (clous jaunes) et 20 croissants; elle a également quatre diamètres moyens qui sont :

<pre>
Le 1er, clous jaunes à 21 décalitres.
Le 2e,   do   blancs à 24   do
Le 3e,   do   rouges à 29   do
Le 4e,   do   noirs à 35   do
</pre>

Sa longueur est indiquée par le même signe B^E et ses décalitres sont :

DÉCROISSANTS :	CROISSANTS :
1 jaune à 41 millimètres.	3 jaunes à 41 millimètres.
1 blanc à 36 do	3 blancs à 36 do
1 rouge à 30 do	4 rouges à 30 do
1 noir à 24 do	5 noirs à 24 do

Les quatre clous décroissants sont placés sur la même ligne et de façon à être facilement distingués des croissants de la demi-busse.

Division du mètre.

La série de clous qui se trouve sur l'arête de la jauge entre les faces nos 1 et 2, réprésente la division du mètre dont on a souvent besoin pour prendre la hauteur des vidanges et faire des cubatures.

GRANDE JAUGE.

La grande jauge est composée de six faces qui ont chacune un barème : ces six barèmes sont placés, savoir :

FACE : No 1. Le bussard;	FACE : No 4. La barrique;
— No 2. Le muid;	— No 5. La pipe;
— No 3. La queue.	— No 6. La pipe (Cognac).

EXPLICATION DES SIX BARÈMES.

Face No 1. — Le Bussard.

On jauge sur cette face les grosses pièces courtes et élevées en diamètre et qui ne peuvent pas se jauger sur le muid.

Ce barème est désigné par le caractère B^u 23, indiquant 23 décalitres. Ses diamètres moyens sont placés à 23, 34, 45 et 57 décalitres ; il a 3 diamètres décroissants et 34 croissants.

La longueur est désignée par le même signe, et ses décalitres sont :

<table>
<tr><td colspan="2">DÉCROISSANTS :</td><td></td><td colspan="2">CROISSANTS :</td></tr>
<tr><td>3 clous jaunes à 0,037</td><td></td><td></td><td>9 clous jaunes à 0,037</td><td></td></tr>
<tr><td>4 d° blancs à 0,025</td><td></td><td></td><td>10 d° blancs à 0,025</td><td></td></tr>
<tr><td>6 d° rouges à 0,0189</td><td></td><td></td><td>12 d° rouges à 0,0189</td><td></td></tr>
<tr><td>7 d° noirs à 0,0149</td><td></td><td></td><td>13 d° noirs à 0,0149</td><td></td></tr>
</table>

Face N° 2. — Muid-Montpellier.

On jauge sur ce signe les futs qui, sur la barrique, perdent au bouge. Il est désigné à ses fonds par le caractère M^{u} 45, indiquant 45 décalitres ; il a 5 décalitres décroissants et 30 croissants, s'élevant à 75 et formant 4 diamètres moyens placés à 45, 52, 60 et 67 décalitres.

La longueur est indiquée par le même signe M^{u}, et ses décalitres sont :

<table>
<tr><td colspan="2">DÉCROISSANTS :</td><td></td><td colspan="2">CROISSANTS :</td></tr>
<tr><td>2 clous jaunes à 0,0207</td><td></td><td></td><td>9 clous jaunes à 0,0207</td><td></td></tr>
<tr><td>3 d° blancs à 0,0179</td><td></td><td></td><td>10 d° blancs à 0,0179</td><td></td></tr>
<tr><td>3 d° rouges à 0,0155</td><td></td><td></td><td>12 d° rouges à 0,0155</td><td></td></tr>
<tr><td>4 d° noirs à 0,0137</td><td></td><td></td><td>13 d° noirs à 0,0137</td><td></td></tr>
</table>

Face N° 3. — La Queue.

On jauge sur ce signe la queue qui tient le milieu entre la busse et la pipe, tant pour la longueur que pour la hauteur de son bouge surélevé. Elle est désignée à ses fonds par le caractère Q 23, indiquant 23 décalitres ; elle a 3 diamètres décroissants et 59 croissants, s'élevant à 82 et formant 4 diamètres moyens, savoir : Jaune à 23, blanc à 42, rouge à 62, et noir à 82 décalitres.

Sa longueur est indiquée par le même signe et ses décalitres sont placés de la manière suivante :

<table>
<tr><td colspan="2">DÉCROISSANTS :</td><td></td><td colspan="2">CROISSANTS :</td></tr>
<tr><td>2 clous jaunes à 0,0412</td><td></td><td></td><td>4 clous jaunes à 0,0412</td><td></td></tr>
<tr><td>3 d° blancs à 0,0225</td><td></td><td></td><td>7 d° blancs à 0,0225</td><td></td></tr>
<tr><td>5 d° rouges à 0,0152</td><td></td><td></td><td>11 d° rouges à 0,0152</td><td></td></tr>
<tr><td>7 d° noirs à 0,0115</td><td></td><td></td><td>14 d° noirs à 0,0115</td><td></td></tr>
</table>

Face N° 4. — Barrique.

On jauge sur ce signe les fûts dont la longueur n'atteint pas celle de la pipe.

Elle est désignée à ses fonds par le caractère B^A 30, indiquant 30 décalitres; elle a 5 décalitres décroissants et 65 croissants, formant 4 diamètres moyens, placés à 30, 49, 68 et 88 décalitres.

Sa longueur est indiquée par le même caractère B^A , et ses décalitres sont :

DÉCROISSANTS :			CROISSANTS :		
4	clous jaunes	à 0,0366	4	clous jaunes	à 0,0366
6	d° blancs	à 0,0224	7	d° blancs	à 0,0224
9	d° rouges	à 0,0162	9	d° rouges	à 0,0162
11	d° noirs	à 0,0126	12	d° noirs	à 0,0126

Face N° 5. — Pipe.

On jauge sur ce signe la pipe ordinaire et autres pipes du Midi dont les dimensions s'accordent sur ce barème; elle est désignée à ses fonds par le caractère P 41, indiquant 41 décalitres, et elle a 6 clous décroissants et 59 croissants, formant 4 diamètres moyens placés à 41, 56, 72 et 89 décalitres.

Sa longueur est indiquée par le même signe P, et ses décalitres sont :

DÉCROISSANTS :			CROISSANTS :		
3	clous jaunes	à 0,0287	8	clous jaunes	à 0,0287
4	d° blancs	à 0,0210	10	d° blancs	à 0,0210
5	d° rouges	à 0,0162	14	d° rouges	à 0,0162
6	d° noirs	à 0,0132	17	d° noirs	à 0,0132

Face N° 6. — Pipe-Cognac.

On jauge sur ce signe les pièces espagnoles dont la longueur convient à ce signe seul. Elle est désignée à ses fonds par le caractère P^c 41, indiquant 41 décalitres; elle a 6 décalitres décroissants et 59 croissants, s'élevant à 100 décalitres, et formant 4 diamètres moyens, placés à 41, 57, 76 et 94 décalitres.

Sa longueur est indiquée par le même caractère P^c , et ses décalitres sont :

DÉCROISSANTS :			CROISSANTS :		
3	clous jaunes	à 0,0320	3	clous jaunes	à 0,0320
4	d° blancs	à 0,0227	4	d° blancs	à 0,0227
6	d° rouges	à 0,0178	6	d° rouges	à 0,0178
7	d° noirs	à 0,0136	7	d° noirs	à 0,0136

DU BOUGE.

Le bouge dont il a déjà été parlé n'est que le complément de la jauge, avec laquelle il se combine pour former des diamètres moyens; il porte sur chaque barème les mêmes caractères, et sert à mesurer le grand cercle des tonneaux par la bonde, ce qu'il serait impossible de faire avec la jauge à cause de son crochet.

Le diamètre du centre des tonneaux étant toujours supérieur à celui des fonds, par la raison que les cerceaux ne tiendraient pas si ces tonneaux étaient cylindriques, on a dû placer sur le bouge des signes correspondant à ceux de la jauge, à une plus grande hauteur que ceux de la jauge même, afin d'avoir des instruments en rapport avec les dimensions des fûts, et d'éviter de trop grandes disproportions. C'est pour cela que sur le muid Bourgogne, par exemple, on voit que le clou de diamètre qui représente 30 décalitres, est à 0, 613 sur la jauge, tandis que le clou correspondant sur le bouge est à 0,703.

Dimensions des dfférents barèmes de la petite et de la grande jauge.

FACES.	BARÈMES.	LONGUEUR Intérieure.	DIAMÈTRE des fonds.	DIAMÈTRE du bouge.	CAPACITÉ.	DISTANCE DES CLOUS DE LONGUEUR SUR CHAQUE BARÈME.			
						Jaunes.	Blancs.	Rouges.	Noirs.
					litres.				
1	Quart-muid...	0,512	0,403,5	0,431,7	70	0,0745	»	»	»
1	Champagne....	0,723	0,568	0,623	200	0,036,1	0,031,4	»	»
2	Quartaut.	0,580	0,414	0,489	100	0,058	0,039	»	»
2	1/2 Queue-Orléans.	0,697	0,589	0,648	210	0,033	0,029	0,024	0,022
3	Feuillette......	0,660	0,470	0,520	130	0,051	»	»	»
3	Muid..........	0,870	0,613	0,703	300	0,034,5	0,022,0	0,018,5	0,015,8
4	1/2 Busse......	0,660	0,406	0,466	100	0,066	0,047,1	»	»
4	Busse.........	0,857	0,524	0,595	210	0,041	0,036	0,030	0,024,5
1	Bussard.......	0,834	0,541	0,623	270	0,037	0,025	0,019	0,015
2	Muid-Montpellier..	0,953	0,757	0,810	450	0,021	0,018	1,015,5	0,014
3	Queue........	0,950	0,507	0,601	250	0,041	0,025	0,015	0,011,5
4	Barrique.......	1,099	0,535	0,612	300	0,037	0,022,5	0,016	0,013
5	Pipe..........	1,178	0,602	0,726	410	0,028,5	0,021	0,016,5	0,013
6	Pipe-Cognac...	1,353	0,516	0,695	410	0,033	0,024	0,020,5	0,015

De la manière de jauger.

Avant de se servir de l'instrument, il faut que l'opérateur soit bien pénétré des observations suivantes :

1° Que le calcul de la jauge (petite et grande) a été établi sur des fûts ayant 81 millimètres de jable pour les deux côtés et 11 millimètres d'épaisseur de bois pour chaque fond sur tous les barèmes de la petite jauge, le muid excepté, et 18 millimètres pour le muid, ainsi que pour tous les barèmes de la grande jauge.

2° Que si les jables ont une longueur supérieure ou inférieure à celle qui a servi de base dans le calcul, il faut retrancher de la longueur, ou y ajouter ce qu'il y a de plus ou de moins (les jables sont cette partie des douves qui forme saillie en dehors des fonds) ; de même que, si les fonds ont plus ou moins d'épaisseur, il faut également diminuer ou augmenter la longueur de la différence : C'est pour cette raison que si l'on a, par exemple, à jauger sur la petite jauge, face n° 1, un fût dont les jables ont 6 centimètres de chaque côté et les fonds 21 millimètres , il faut diminuer 6 centimètres sur la longueur pour avoir la véritable contenance ; de même que, si les jables n'ont que 2 centimètres de chaque côté, au lieu de 4, il y a lieu d'augmenter la longueur de 4 centimètres.

3° Que le tonneau, qui est supposé un assemblage de deux cônes tronqués adossés par leur base au lieu d'avoir des douves formant une ligne droite allant des fonds au centre, décrit un arc formé par la courbure des douves ; d'où il suit qu'en dehors des deux cônes tronqués, ce même tonneau forme deux segments qui ont pour flèche la hauteur de la courbure, pour longueur la circonférence, et pour corde la demi-longueur du tonneau.

4° Que cette courbure des douves représente un arc d'hyperbole ou de parabole ou d'ellipse. On considère comme elliptique (figure 47) la courbure qui est très-arrondie et qui se prolonge jusqu'aux extrémités du fût : c'est celle qui contient le plus de liquide ; comme parabolique (figure 46), celle qui est moins arquée que la première et qui forme, pour ainsi dire, une arête vers la bonde ; et comme hyperbolique (figure 45) celle qui est peu arquée, tenant du conoïde : elle contient moins de liquide que la deuxième.

5° Que la capacité du fût ne pouvant être obtenue par le produit moyen des fonds et du bouge, on a dû faire entrer dans le calcul des diamètres une partie de ce renflement, en prenant pour base la courbure parabolique, qui est celle que l'on rencontre le plus souvent et qui est la moyenne ; d'où il suit qu'il entre dans les attributions des opérateurs d'apprécier les courbures pour rectifier les données de la jauge suivant que la courbure est elliptique, ce qui nécessite une bonification, ou hyperbolique, ce qui demande du ménagement.

6° Qu'en raison de ces diverses courbures, on a dû adopter plusieurs formules pour former un diamètre moyen de ceux des fonds et du bouge quand il sont inégaux, et que ces formules sont :

A la jauge : . A la cubature :

0,55	0,52	pour les fûts dont la courbure est hyperbolique ;
0,60	0.56	pour ceux dont la courbure est parabolique ,
0,66	0,58	pour ceux dont la courbure est elliptique.

Il existe dans le commerce certains fûts venant de l'étranger, pour lesquels les formules 58 et 66 ne suffisent pas pour atteindre la contenance. Ce sont eux qui ont la courbure elliptique très-prononcée et qui ont un très-petit cercle aux fonds relativement à celui du bouge. Il est quelquefois nécessaire de prendre en jaugeant les 75/100 de la différence qui existe entre les deux cercles pour l'ajouter au plus petit, afin d'avoir le diamètre moyen.

Ainsi, ces formules 55, 60, 66, et même 75, dont on se sert en jaugeant, représentent les 55, 60, 66 et 75/100 de la différence qui existe entre les deux cercles, et ce sont ces quantités qu'il faut ajouter au diamètre des fonds pour avoir le diamètre moyen des fûts.

Lorsque, à la jauge, le bouge est inférieur aux fonds, il ne faut pas ajouter le produit de cette formule au bouge; il faut au contraire le diminuer du produit des fonds; mais, comme, dans ce cas, l'opération est renversée, il faut prendre la formule la plus faible pour les fûts les mieux construits et la plus forte pour ceux qui sont désavantageux.

Opération matérielle.

Pour éviter des tâtonnements inutiles et des pertes de temps, il est important que les opérateurs connaissent le baptème des fûts et qu'ils sachent sur quels barèmes ils se jaugent. Lorsqu'on est en présence de fûts inconnus, ils faut d'abord présenter la jauge sur la longueur et chercher le barème qui convient le mieux, puis voir si la hauteur des fonds y répond et choisir, autant que possible, un barème sur lequel le fût ne perde ni au bouge ni à la longueur.

Lorsqu'on est fixé sur ce point, on pose la jauge sur les fonds (figure 49) pour prendre le diamètre, en ayant soin que la pointe du talon soit bien dans l'angle formé par le fond et le jable; on fait ensuite mouvoir, à droite et à gauche, le côté de la jauge opposé au crochet, de manière à le fixer sur le point qui produit le plus grand diamètre, lequel est déterminé au moyen d'un instrument appelé médiale. Si le diamètre arrive entre deux clous, ce qui se rencontre très souvent, l'opérateur doit juger, d'après la distance dont ce diamètre dépasse le dernier clou, du nombre de litres qu'il faut ajouter aux décalitres ; et, si les fonds sont inégaux, il faut prendre la moyenne des deux ; de même que si les fonds sont ovales, on doit prendre le diamètre moyen que l'on obtient facilement en le prenant obliquement.

Une fois le diamètre des fonds déterminé, on prend celui du bouge (figure 48), qui s'obtient en mesurant, avec le bouge lui-même, la plus grande distance qui existe entre l'endroit le plus profond du tonneau et la bonde, mesure prise sous le bois au moyen de la médiale, petit instrument disposé à cet effet. On doit promener le bouge à l'intérieur pour s'assurer si les bois sonts bruts ou unis en dedans.

Si les deux diamètres sont égaux, le diamètre moyen est trouvé ; mais si le bouge est plus grand, ce qui arrive presque toujours, on ajoute au diamètre des fonds les 55/100es de la différence si la courbure est hyperbolique, les 60/100es si elle est parabolique, et les 66/100es si elle est elliptique. Au moyen de cette addition aux fonds, on a le diamètre moyen qui donne la capacité du fût, si la longueur est égale à celle du barème sur lequel on le jauge. (Il existe des fûts dont on n'atteint la contenance à la jauge qu'en ajoutant aux fonds les 75/100es de la différence).

Pour déterminer la longeur, il est indispensable d'apprécier l'épaisseur des fonds et de mesurer la profondeur des jables, ce qui se fait au moyen de la médiale ou d'un décimètre que l'on appuie sur le fond et d'un petit crochet qui sert à mesurer l'épaisseur du bois. Etant arrêté sur ce point, l'opérateur fixe sur la jauge la longueur du fût (figure 48) et en déduit ce que les jables et les fonds ont de trop, quand ils sont supérieurs aux mesures déterminées ; on ajoute ce qui manque quand ils sont inférieurs ; ce qui reste est la véritable longueur du tonneau. Lorsqu'il s'agit d'ajouter ou de diminuer, il regarde à quelle série de clous arrive le diamètre moyen, et doit prendre la même couleur à la longueur, ou la moyenne de deux séries si le diamètre est entre deux séries. Chaque clou de longueur valant dix litres (excepté sur le quartaut et la 1/2 busse), c'est donc autant de décalitres qu'il faut ajouter ou diminuer pour avoir la capacité réelle du fût.

Exemple sur une pièce Bordeaux contenant 217 litres.

```
Diamètre du bouge.........  222 litres.
    Do    des fonds.........  210  —

Différence...........         12 litres.
                  ×           0,60

              =               7,20      ou  7 litres.
                   Fonds......          210

           TOTAL...........             217 litres.
```

La longueur gagne 30 litres sur le clou blanc et 26 sur le jaune, ce qui fait une moyenne de 28 litres à ajouter; mais comme les jables ont 7 centimètres au lieu de 4, ce qui fait 6 centimètres à diminuer, cette longueur se réduit à 13 litres sur les clous blancs et 11 sur les jaunes, ce qui fait en réalité 12 litres à ajouter, et porte la contenance réelle du fût à 229 litres.

Si les jables de ce même fût n'avaient que 25 millimètres de chaque côté et que les fonds n'eussent aussi que huit millimètres, il faudrait augmenter la longueur du fût de 37 millimètres, parce que cette partie des jables et des fonds qui manque est occupée par du liquide.

Tout ce qui a été dit de la jauge s'appliquant à la théorie ou à la jauge de fûts réguliers, nous allons donner quelques explications sur les irrégularités des fûts et sur des remarques résultant de l'expérience pratique.

1° Si les fonds sont concaves ou convexes, la capacité n'est pas la même : dans le 1er cas, il y a une diminution à faire sur la longueur; dans le 2me, il y a une augmentation ; mais pour faire cette diminution ou cette augmentation, il ne faut pas mesurer la concavité ou la convexité au milieu du rayon du cercle, mais bien à peu près au tiers de ce rayon en partant du côté des jables, parce que cette diminution ou augmentation porte sur le cercle moyen du fût, tandis que la difformité n'existe que sur une partie du petit cercle.

2° Si le bouge est ovale, il faut le prendre en plusieurs endroits pour en avoir un moyen, ou prendre la circonférence avec une ficelle, la réduire au diamètre et déduire sur ce diamètre deux fois l'épaisseur des douves; s'il n'y a qu'une douve d'aplatie ou surélevée, il faut prendre le bouge à côté et augmenter ou diminuer la capacité trouvée du nombre de litres que peut faire perdre ou gagner cette difformité.

3° Si les douves sont étroites et minces, les angles qu'elles forment dans leur assemblage sont moins prononcés et les courbures sont plus arrondies, ce qui prend plus de liquide.

Si, au contraire, les douves sont larges et épaisses, la courbure devient irrégulière, et le fût, au lieu d'être rond, forme autant de faces et perd de sa capacité. Il est du devoir des opérateurs de faire ces appréciations et de corriger les données de l'instrument, qui a été fait pour des fûts réguliers.

Remarques faites sur diverses futailles venant fréquemment à Paris.

Macon. — Le bouge horizontal de cette pièce est généralement supérieur de 5 litres au bouge vertical, parce que la douve de bonde est presque toujours épaisse et large.

Bordeaux. — Il y a deux espèces de fûts de cette provenance : les uns sont faits avec des bois minces débités à la mécanique, la jauge donne quelques litres au dessous de leur capacité ; les autres, ainsi que les gaillac et les cahors, qui leur ressemblent, sont faits avec des bois bruts et épais : leur contenance est donnée par la jauge.

Orléans, Cher et Sancerre. — Tous ces fûts sont en bois minces et ont une courbure très arrondie ; pour atteindre leur contenance à la jauge, il faut augmenter la longueur de un à deux centimètres.

Beaune. — Ce fût, bien uni en dedans, a besoin d'être soutenu.

Pipe-Armagnac. — Ces fûts sont presque toujours faits avec des bois de branches qui sont laissés bruts à l'intériéur ; dans cet état, la jauge les force presque toujours.

Busse-Cognac et Barrique-Montpellier. — Ces deux espèces de fûts, qui ont beaucoup de ressemblance pour ceux qui n'ont pas l'habitude de les voir, donnent les mêmes mesures sur la jauge et diffèrent au dépotement.

Le premier, quand il est bien fait, peut être bonifié de un pour 0/0, tandis que sur le second il faut bien déduire les jables et ne rien ajouter.

Pipe-Montpellier. — Généralement, la jauge donne sur ce fût dix litres de moins que sa capacité réelle ; les praticiens comptent les jables à cinq centimètres, au lieu de quatre, pour établir la compensation.

Futs de Prusse. — Il y a à se tenir en garde contre ces fûts parce qu'ils ont généralement des fonds très-épais, ce qui fait perdre à la longueur.

Futs a huile avec des fonds en sapin. Ces fûts, qui n'ont généralement que deux centimètres de jables, ont, d'un autre côté, des fonds qui ont de trois à quatre centimètres et demi d'épaisseur ; ils ont aussi la douve de bonde plus épaisse que les autres, ce qui doit être apprécié en prenant le bouge.

Pour ne pas sortir des règles de la jauge, il faut tenir compte de l'épaisseur des fonds et de la longueur des jables et augmenter ou diminuer la longueur du fût suivant que les fonds et les jables réunis produisent plus ou moins de 117 millimètres pour les deux côtés.

Futs Anglais, Espagnols et Portugais. — Ces fûts sont généralement très-bas de fond et très-élevés en bouge : ils ont une courbure elliptique bien prononcée ; souvent il s'en rencontre qui ont les fonds saillants en dehors, ce qui empêche le talon de la jauge d'atteindre l'angle formé par le fond lui-même et par le jable. Dans ce cas, la formule 66 est insuffisante ; quelquefois il faut prendre jusqu'à 75 pour 0/0 de la différence.

Foudres. — Les jables de ces fûts présentent généralement le double d'épaisseur des douves qui sont amincies en dedans.

Pour les cuber, il faut prendre le diamètre des fonds à peu près au milieu de l'épaisseur des bois des jables,

---

Cubature des fûts.

Pour faire une cubature, il faut prendre le diamètre moyen des fonds en millimètres, prendre celui du bouge, soustraire le premier du dernier, et multiplier la différence par une des formules adoptées pour les diverses courbures et ajouter le produit de cette multiplication, moins les deux derniers chiffres, au diamètre du bouge, ce qui donne le diamètre du cylindre dont on cherche la surface qui se multiplie par la longueur intérieure du fût.

Exemple sur une pipe de 618 litres.

```
1er fond ..........  0,833.      Bouge........  0,915
2e   do  ..........  0,837       Fonds réduits.  0,835
                     ─────                       ─────
                     1,670                       0,080
Moyenne..........    0,835                    ×  0,58
              +      0,046                       ─────
                     ─────                       0,04640  à ajouter aux fonds.
Diamètre moyen  =    0,881
              ×      0,881

                      881        Jables. ..  0,05   =  0,100 )
                     7048        Fonds. ..   0,018  =  0,036 )  0,136
                     7048                                       ─────
                     ──────                  Longueur extérieure...  1,150
                     0,776161  grand carré.  Jables et fonds.......  0,136
                     ──────                                          ─────
                     0,3880805              Longueur intérieure...   1,014
                     0,19404025
                     0,02772003
                     ──────────
                     0,60984078  surface du cercle.
              ×      1,014       longueur intérieure.
                     ──────────
                      243936312
                      60984078
                     609840780
                     ───────────
                     0,61837855092  =  capacité 618 litres.
```

Données par la jauge sur les fûts suivants.

BAPTÊME DES FUTS.	Nos des FACES de la jauge.	DIAMÈTRE moyen des fonds.	BOUGE moyen des fûts.	CYLINDRE réduit.	LONGUEUR		CAPACITÉ moyenne des fûts.
					gagne.	perd.	
		litres.	litres.	litres.	litres.	litres.	litres.
1/4 Muid	1	0,65	0,68	0,67	0,01	»	0,68
1/4 Sancerre	2	1,06	1,12	1,10	»	0,05	1,05
1/4 Mâcon	2	1,00	1,10	1,06	0,02	»	1,08
1/4 Orléans	2	1,15	1,25	1,21	»	0,05	1,16
1/4 Bordeaux	2	1,03	1,10	1,07	0,05	»	1,12
1/4 Vouvray	2	1,20	1,30	1,26	»	0,02	1,24
Feuillette	3	1,30	1,40	1,36	»	0,02	1,31
Châlons	2	2,12	2,27	2,21	0,01	»	2,22
Mâcon	1	2,04	2,24	2,16	»	»	2,16
Beaune	2	2,16	2,26	2,22	0,06	»	2,28
Marseille	1	1,95	2,16	2,08	0,10	»	2,18
Fitou	1	1,85	2,18	2,03	0,15	»	2,20
Bordeaux	1	2,08	2,20	2,15	0,09	»	2,24
Gaillac	1	2,00	2,15	2,00	0,15	»	2,24
Cahors	1	2,05	2,21	2,15	0,09	»	2,24
Anjou	4	2,25	2,50	2,28	»	»	2,28
Blois	2	2,25	2,42	2,35	»	»	2,35
Orléans	2	2,25	2,57	2,52	»	0,04	2,28
Beaugency	3	2,25	2,35	2,31	»	0,03	2,28
Sologne	2	2,20	2,36	2,30	0,02	»	2,28
Cher	2	2,42	2,57	2,51	»	0,05	2,46
Vouvray	2	2,45	2,55	2,51	»	0,05	2,46
Auvergne	1	2,00	2,15	2,09	»	0,04	2,05
Sancerre	1	2,06	2,16	2,12	»	»	2,12
Pouilly	1	2,05	2,20	2,14	»	0,02	2,12
Riceys	2	2,10	2,26	2,16	0,02	»	2,18
Champagne	1	1,90	2,17	2,00	»	»	2,00
Renaison	1	1,96	2,11	2,05	»	»	2,05
Chinon	2	2,10	2,26	2,16	»	»	2,16
Longuette	4	1,96	1,96	1,96	0,06	»	2,04
Bayonnaise	4	2,80	3,00	2,92	0,15	»	3,07
1/2 Busse Eau-de-vie	4	1,54	1,51	1,44	0,20	»	1,64
Tonne d'huile	4	96	1,00	98	1	»	99

Velte.

La velte est une tringle en fer qu'on introduit dans le tonneau par la bonde et avec laquelle on mesure diagonalement les distances qu'il y a de cette bonde aux extrémités intérieures des fonds.

Cette tringle est divisée en mesures cubiques d'une progression arithmétique, lesquelles, étant numérotées sur l'instrument par les termes de cette progression, font voir tout d'un coup la capacité du tonneau, si ce tonneau est semblable à celui sur lequel la velte a été établie,

Cet instrument a deux côtés : sur l'un est tracée la diagonale d'un litre, avec progression croissante de litre en litre ; sur l'autre est tracée la diagonale du décalitre, avec progression de dix en dix litres. Le 1er côté est destiné aux barils contenant moins de 30 litres ; le 2me pour les fûts jaugeant de 30 à 100 litres.

Entre les deux côtés il y a cette différence qu'en opérant sur le côté faible, il faut réunir le produit des deux diagonales du fût pour avoir sa capacité; tandis que, sur le côté fort, il ne faut prendre que la moitié ou la moyenne des deux produits.

Exemple sur un baril de 24 litres, pris sur le côté faible
(figure 50) :

1er côté................	12 litres 1/2
2e côté................	11 litres 1/2
TOTAL.........	24 litres.

Exemple sur un fût de 80 litres, pris sur le côté fort.

1er côté................	82 litres.
2e côté................	78 litres.
TOTAL.........	160
Moyenne..........	80 litres.

Cet instrument est très-simple et très-commode, mais il suppose que les tonneaux sont parfaitement semblables entre eux et que l'angle formé par la diagonale et la ligne verticale du bouge aura de 33 à 38 degrés d'ouverture, la moyenne étant de 35 et demi.

Pour qu'un tonneau forme à la diagonale un angle de 35 degrés d'ouverture, il faut que sa longueur soit d'un peu plus de 4/10 supérieure à la hauteur du diamètre moyen.

En dehors de ces proportions, la velte force les fûts qui sont plus courts comme ceux qui sont plus allongés, et ce forcement pourrait aller jusqu'à 5 pour 0/0.

Les angles 27 et 44 sont ceux qui sont formés par les fûts les plus courts ou les plus longs relativement à la hauteur.

La velte force par conséquent sur les quarts-orléans et sancerre qui sont courts, comme elle force sur des fûts trop allongés.

Table des Diagonales.

LITRES.	MÈTRES.	LITRES.	MÈTRES.	LITRES.	MÈTRES.	LITRES.	MÈTRES.
5	0,2029	30	0,3687	220	0,7165		
6	2155	35	3881	230	7270		
7	2269	40	4057	240	7373		
8	2375	45	4220	250	7474		
9	2467	50	4371	260	7573		
10	2555	60	4644	270	7669		
11	2658	70	4890	280	7762		
12	2716	80	5113	290	7854		
13	2790	90	5317	300	7943		
14	2860	100	5508	310	8030		
15	2926	110	5685	320	8116		
16	2990	120	5852	330	8200		
17	3050	130	6011	340	8281		
18	3109	140	6161	350	8361		
19	3165	150	6304	360	8440		
20	3220	160	6441	370	8518		
21	3273	170	6573	380	8594		
22	3324	180	6700	390	8608		
23	3374	190	6821	400	8742		
24	3422	200	6939				
25	3469	210	7052				

Manière d'opérer.

Pour opérer avec la velte, il faut introduire l'instrument dans le fût par la bonde et avoir soin que le bout arrive dans l'angle formé par le fond et par la douve qui fait face à la bonde, afin d'avoir la plus grande diagonale. La velte doit être soutenue avec la main, de manière à ce qu'elle soit juste au milieu du trou de la bonde; la mesure doit être prise sous le bois.

Si le fût est bien fait, que la courbure soit parabolique et que les fonds soient droits, la capacité donnée par l'instrument est bonne; mais s'il a des imperfections, l'opérateur doit en tenir compte comme à la jauge.

DES VIDANGES

et de la manière de les déterminer.

Pour abréger les calculs, il a été établi une table de segments, dont la première colonne indique la hauteur des segments vides et les autres les différents diamètres des fonds relativement au bouge.

Le diamètre du bouge étant divisé en cent parties égales, on n'a porté sur cette table que cinquante de ces parties, ou moitié de la hauteur, parce que, si la hauteur du vide excède cette moitié, on peut prendre le plein, qu'il faut mesurer de la même manière qu'on mesure le vide. D'un côté on a le vide réel, et de l'autre on a le plein, qui, déduit de la capacité du fût, donne également le vide.

Pour se servir de cette table, il faut d'abord connaître la capacité du fût, connaître ensuite, en millimètres, la hauteur des fonds, celle du bouge et enfin celle des segments vides, puis faire les règles de proportions suivantes :

1° Le diamètre du bouge est à celui des fonds comme 100 est à x, quatrième terme qui indique celle des treize colonnes qu'il faut choisir, ou les deux dont il faut prendre la moyenne quand on obtient un résultat intermédiaire;

2° Le diamètre du bouge est à la hauteur du vide ou du plein comme 100 est à x, quatrième terme qui indique la hauteur des segments vides.

Exemple sur un fût ayant dépoté 588 litres :

```
Fonds............  0,770 millimètres.
Bouge............  0,870     do
Vidange.........   0,330     do


Fonds 0,770 × 100 — 77,000 | 0,870 ou bouge.
                     7 400  | ————————————
                       440  | 88—10e colonne des diamètres.


Vide ou 0,330 × 100 = 33,000 | 0,870
                       6 900  | ————————————
                       8100   | 379 soit 38 ou la hauteur des segments vides
                        270
```

Dans la colonne 88 de la table, on trouve, à la hauteur 38, le chiffre 3395, qu'il faut multiplier par la capacité de la pièce :

$$
\begin{array}{r}
3395 \\
\times\ 588 \\
\hline
2\,7160 \\
27\,160 \\
169\,75 \\
\hline
199{,}6260
\end{array}
$$

En supprimant les quatre derniers chiffres et en forçant la fraction, on trouve une vidange de 200 litres.

Pour éviter des calculs souvent assez longs et que le temps ne permet pas toujours de faire, il a été établi une table des vidanges, portant sur 215 fûts de diverses formes et grandeurs, ce qui embrasse toute la tonnellerie.

Néanmoins, et dans le cas où il se présenterait des fûts dont les mesures ne seraient en rapport avec aucune de celles des fûts compris dans cette table, on devrait chercher la vidange par le moyen qui a été indiqué plus haut et qui consiste à chercher :

1° La proportion des fonds avec le bouge, quelle est la colonne convenable à la pièce ;

2° La proportion des centimetres de vidange avec le bouge, quelle est la hauteur des segments vides, qu'on appelle centièmes égaux ;

3° Les centièmes inégaux correspondant aux centièmes égaux dans la colonne des diamètres reconnus convenables à la pièce;

4° Multiplier la capacité de la pièce par les centimètres inégaux ;

TABLE DES SEGMENTS.

HAUTEUR des segments vides.	DIAMÈTRES DES FONDS.												
	70	72	74	76	78	80	82	84	86	88	90	92	94
1	0,0001	0,0001	0,0001	0,0001	0,0001	0,0001	0,0001	0,0001	0,0001	0,0002	0,0002	0,0004	0,0006
2	5	5	5	5	6	6	6	7	8	9	10	17	24
3	11	11	12	12	13	14	16	17	19	22	24	36	47
4	21	22	23	24	25	27	30	33	37	42	46	58	70
5	38	40	41	43	46	48	53	58	65	74	83	105	122
6	58	60	65	66	71	75	84	93	103	115	127	148	169
7	85	89	92	97	104	110	122	135	149	164	180	204	229
8	119	124	129	136	143	153	169	185	203	222	242	267	292
9	157	165	172	181	192	203	222	241	262	284	306	333	360
10	202	210	220	232	246	260	280	301	324	349	375	402	429
11	253	265	276	291	308	325	348	371	395	421	447	476	501
12	311	326	341	358	377	397	419	440	466	495	524	554	583
13	375	392	409	428	451	474	498	522	548	577	605	635	666
14	448	469	486	507	532	556	581	606	634	665	695	724	753
15	525	552	579	603	622	642	670	699	727	756	785	813	842
16	609	630	651	675	704	732	758	783	812	844	876	905	934
17	700	720	739	764	795	825	853	881	910	941	971	1,000	1,029
18	793	814	835	860	890	920	948	977	1,006	1,037	1,067	1,095	1,124
19	891	914	937	963	993	1,023	1,053	1,082	1,111	1,140	1,169	1,197	1,225
20	994	1,017	1,040	1,066	1,097	1,127	1,153	1,180	1,209	1,240	1,272	1,300	1,327
21	1,099	1,123	1,148	1,174	1,230	1,232	1,259	1,286	1,314	1,343	1,376	1,403	1,430
22	1,209	1,233	1,258	1,284	1,313	1,342	1,368	1,394	1,422	1,452	1,482	1,509	1,536
23	1,321	1,343	1,3[illegible]	1,395	1,424	1,453	1,478	1,503	1,531	1,562	1,592	1,618	1,645
24	1,434	1,458	1,482	1,508	1,537	1,566	1,591	1,616	1,645	1,672	1,702	1,728	1,754
25	1,552	1,576	1,599	1,625	1,653	1,681	1,705	1,730	1,756	1,785	1,814	1,844	1,874
27	1,673	1,697	1,720	1,745	1,770	1,798	1,820	1,844	1,868	1,903	1,928	1,953	1,978
27	1,794	1,817	1,840	1,864	1,891	1,918	1,942	1,965	1,990	2,017	2,044	2,069	2,094
28	1,918	1,940	1,963	1,987	2,014	2,04	2,063	2,086	2,111	2,136	2,162	2,186	2,211
29	2,046	2,068	2,089	2,113	2,138	2,163	2,185	2,207	2,231	2,256	2,282	2,306	2,330
30	2,175	2,196	2,217	2,240	2,264	2,288	2,308	2,329	2,352	2,377	2,402	2,425	2,448
31	2,305	2,326	2,347	2,369	2,392	2,415	2,434	2,453	2,474	2,498	2,522	2,543	2,564
32	2,437	2,457	2,477	2,499	2,520	2,543	2,561	2,580	2,601	2 625	2,644	2,665	2,686
33	2,571	2,590	2,609	2,629	2,650	2,672	2,690	2,707	2,727	2,748	2,770	2,790	2,809
34	2,705	2,725	2,740	2,760	2,781	2,803	2,820	2,837	2,857	2,877	2,897	2,914	2,931
35	2,841	2,857	2,874	2,892	2,913	2,934	2,951	2,968	2,986	3,005	3,025	2,041	3,058
36	2,982	2,998	3,014	3,031	3,049	3,067	3,083	3,099	3,116	3,135	3,153	2,169	3,185
37	3,121	3,136	3,152	3,168	3,185	3,202	3,217	3,232	3,248	3,265	3,182	3,297	3,312
38	3,261	3,275	3,289	3,304	3,320	3,336	3,350	3,363	3,378	3,393	3,411	3,424	3,437
39	3,401	3,412	3,425	3,437	3,454	3,471	3,475	3,480	3,494	3,517	3,540	3,552	3,563
40	3,544	3,554	3,565	3,578	3,593	3,609	3,620	3,631	3,645	3,657	3,669	3,680	3,691
41	3,687	3,697	3.706	3,718	3,732	3,746	3,755	3,764	3,775	3,788	3,800	3,810	3,820
42	3,830	3,839	3,848	3,859	3,871	3,883	3,891	3,900	3,000	3,020	3,932	3,940	3,949
43	3,975	3,984	3,995	4,002	4,012	4,022	4,029	4,036	4,045	4,055	4,065	4,073	4,080
44	4,120	4,128	4,135	4,143	4,152	4,160	4,167	4,174	4,181	4,189	4,197	4,204	4,211
45	4,266	4,271	4,276	4,283	4,291	4,299	4,304	4,309	4,316	4,323	4,330	4,335	4,340
46	4,412	4,416	4,421	4 426	4,433	4,439	4,443	4,446	4,452	4,456	4,462	4,467	4,472
47	4,558	4,562	4,565	4,569	4,573	4,578	4,579	4,582	4,585	4,588	4,592	4,596	4,601
48	4,704	4,706	4,709	4,712	4,714	4,719	4,719	4,721	4.723	4,725	4,726	4,730	4,733
49	4,851	4,852	4,853	4,854	4,856	4,859	4.858	4,859	4,860	4,861	4,862	4,863	4,864
50	5,000	5,000	5,000	5,000	5,000	5,000	5,000	5,000	5,000	5,000	5,000	5,000	5,000

TABLEAUX

DES

VIDANGES DES FUTS.

15 BARIL. Fonds, 0,200 Bouge, 0,263		22 BARIL. Fonds, 0,215 Bouge, 0,290		31 BARIL MALAGA. Fonds, 0,290 Bouge, 0,337		40 BARIL. Fonds, 0,290 Bouge, 0,340		50 SAINTONGE. Fonds, 0,320 Bouge, 0,382		53 BARIL LONG. Fonds, 0,320 Bouge, 0,400	
cent.	litres.	cent.	litres.	cent.	litres.	cent.	litres.	cent.	litres.	cent.	litres.
4	1	4	1	3	1	4	1	3	1	3	1
5	1.5	5	1.5	4	1.5	5	2	4	2	4	1.5
6	2	6	2	5	2	6	3	5	3.5	5	2
7	3	7	3	6	3	7	5	6	5	6	3
8	3.5	8	4	7	4	8	6	7	6	7	4.5
9	4	9	5	8	5	9	7.5	8	8	8	6
10	5	10	6	9	6	10	9	9	9.5	9	7.5
11	6	11	7	10	7	11	10.5	10	11	10	9
12	6.5	12	8	11	8	12	12	11	13	11	10.5
13	7	13	9	12	9.5	13.5	13.5	12	14.5	12	12
13.15	7.5	14	10.5	13	10.5	14	15	13	16	13	14
		14.50	11	14	11.5	15	17	14	18	14	15.5
				15	12.5	16	18.5	15	20	15	17
				16	14	17	20	16	22	16	19
				16.85	15.5			17	24	17	21
								17.60	25	18	23
										19	25
										20	26.5

68 1/4 MUIDS. Fonds, 0,390 Bouge, 0,431		75 1/4 BIÉRE. Fonds, 0,390 Bouge, 0,439		82 1/4 COGNAC. Fonds, 0,375 Bouge, 0,480		93 1/4 MADÉRE. Fonds, 0,405 Bouge, 0,470		98 BARIL ABSINTHE. Fonds, 0,410 | Bouge, 0,400			
cent.	litres.	cent.	litres.	cent.	litres.	cent.	litres.	cent.	litres.	cent.	litres.
4	2.5	4	2	4	1.5	3	1	3	1	23	41
5	3.5	5	3	5	2.5	4	2	4	2	24	43.5
6	5	6	4.5	6	3.5	5	3	5	3	24.5	45
7	6.5	7	6	7	5	6	4.5	6	4		
8	8	8	8	8	6.5	7	6.5	7	5.5		
9	9.5	9	9.5	9	8	8	8	8	7		
10	11	10	11	10	10	9	10.5	9	9		
11	13	11	13	11	12	10	12.5	10	11		
12	14.5	12	15	12	14	11	14.5	11	13		
13	16.5	13	17	13	16	12	17	12	15		
14	18	14	19	14	18	13	19.5	13	17		
15	20	15	22	15	20.5	14	22	14	19		
16	22	16	24	16	22.5	15	24	15	21.5		
17	24.5	17	26	17	25	16	26.5	16	24		
18	26.5	18	28	18	27	17	29	17	26		
19	28.5	19	30.5	19	29.5	18	31.5	18	28.5		
20	31	20	33	20	32	19	34	19	31		
21	33	21	35	21	34	20	37	20	33.5		
22	35	22	37.5	22	36.5	21	39.5	21	36		
				23	39	22	43	22	38.5		
				24	41	23	45				
						24	47				

102		**108**		**101**		**114**		**114**		**115**	
1/4 CHAMPAGNE.		1/4 MACON.		TONNE D'HUILE.		1/4 BEAUNE.		1/4 BORDEAUX.		1/4 COGNAC.	
Fonds, 0,450 Bouge, 0,513		Fonds, 0,450 Bouge, 0,506		Fonds, 0,410 Bouge, 0,467		Fonds, 0,430 Bouge, 0,513		Fonds, 0,455 Bouge, 0,515		Fonds, 0,410 Bouge, 0,500	
cent.	litres.	cent.	litres.	cent.	litres.	cent.	litres.	cent.	litres.	cent.	litres.
5	3.5	5	3.5	3	1.5	3	1	3	1	3	1
6	5	6	5	4	2.5	4	2	4	2	4	2
7	6.5	7	7	5	4	5	3	5	3	5	3
8	8	8	9	6	5.5	6	5	6	4.5	6	4
9	10	9	11	7	7.5	7	7	7	6.5	7	6
10	12	10	13	8	9.5	8	9	8	8.5	8	8
11	14	11	15	9	12	9	11	9	10.5	9	10
12	16	12	17.5	10	14	10	13	10	12.5	10	13
13	18.5	13	20	11	16	11	15	11	15	11	15.5
14	21	14	22.5	12	19	12	18	12	17.5	12	18
15	23	15	25	13	21	13	20	13	20	13	20.5
16	25.5	16	27.5	14	24	14	23	14	22.5	14	23
17	28	17	30	15	26	15	25	15	25	15	26
18	30.5	18	32.5	16	29	16	28	16	28	16	29
19	33	19	35	17	32	17	31	17	31	17	32
20	36	20	38	18	35	18	34	18	34	18	35
21	38.5	21	41	19	38	19	37	19	36.5	19	38
22	41	22	43.5	20	41	20	40	20	39	20	41
23	44	23	46	21	43	21	43	21	42	21	44
24	46.5	24	49	22	46	22	46	22	45	22	47.5
25	49	25	52	23	49.5	23	49	23	48.5	23	51
25.65	51	25.30	55	24	50.5	24	52	24	51.5	24	54
						25	55	25	54.5	25	57 1/2
						25.60	57	26	57		

110				**114**				**122**			
1/4 COGNAC.				1/4 ORLÉANS.				SIXAIN MALAGA.			
Fonds, 0,400 | Bouge, 0,485				Fonds, 0,454 | Bouge, 0,521				Fonds, 0,580 | Bouge, 0,505			
cent.	litres.	cent.	litres.	cent.	litres.	cent.	litres.	cent.	litres.	cent.	litres.
3	1	14	24	3	1	16	28	3	1	15	27
4	2	15	27	4	2	17	30	4	2	16	30
5	3	16	30	5	3	18	33	5	3	17	33
6	5	17	32	6	5	19	36	6	4	18	36
7	7	18	35	7	7	20	39	7	6	19	39
8	9	19	38	8	9	21	42	8	8	20	43
9	11	20	41	9	11	22	45	9	10	21	46
10	13	21	44	10	13	23	48	10	12.5	22	49
11	15	22	47	11	15	24	51	11	15	23	53
12	18	23	50	12	17	25	54	12	18	24	56.5
13	21	24	54	13	20	26	57	13	21	25	60
		24.25	55	14	22			14	24	25.25	61
				15	25						

122 1/2 BUSSE ANJOU. Fonds, 0,420 Bouge, 0,517		**130** FEUILLETTE. Fonds, 0,460 Bouge, 0,510		**135** 1/4 COGNAC. Fonds, 0,430 Bouge, 0,500		**144** 1/4 AUVERGNE. Fonds, 0,492 Bouge, 0,586		**145** MADÈRE. Fonds, 0,451 Bouge, 0,525		**154** 1/4 KIRSCH. Fonds, 0,530 Bouge, 0,590	
cent.	litres.	cent.	litres.	cent.	litres.	cent.	litres.	cent.	litres.	cent.	litres.
3	1	3	1 1/2	3	1	3	1	3	1	3	1
4	2	4	3	4	2.5	4	2	4	2	4	2
5	3	5	4.5	5	4	5	3	5	4	5	4.5
6	4.5	6	6	6	6	6	4 1/2	6	6	6	6
7	6.5	7	8.5	7	8.5	7	6	7	8	7	8
8	8.5	8	11	8	11	8	8.5	8	10.5	8	10
9	11	9	13.5	9	13.5	9	11	9	13	9	12
10	13	10	16	10	16	10	13	10	16	10	14.5
11	15.5	11	18.5	11	19	11	15	11	19	11	17
12	18	12	21	12	22	12	18	12	22	12	20
13	21	13	24	13	25	13	20.5	13	25	13	22.5
14	24	14	27	14	28.5	14	23	14	28	14	25.5
15	27	15	30.5	15	31.5	15	26	15	31.5	15	28.5
16	30	16	33.5	16	35	16	29	16	35	16	31.5
17	33	17	36.5	17	38.5	17	32	17	38	17	34.5
18	36	18	40	18	42	18	35	18	42	18	38
19	39	19	43	19	45.5	19	38	19	45	19	41
20	42	20	46	20	49	20	41.5	20	49	20	44
21	45	21	49.5	21	52.5	21	45	21	52.5	21	47.5
22	48	22	53	22	56	22	48	22	56	22	51
23	51.5	23	56	23	60	23	51	23	60	23	54.5
24	55	24	60	24	63.5	24	54.5	24	64	24	58
25	58.5	25	63	25	67.5	25	58	25	67.5	25	61
26	61	25.50	65			26	61	26	71 1/2	26	64.5
						27	64.5	26.25	72.5	27	68
						28	67.5			28	71.5
						29	71			29	75
						29.30	72			29.5	77

130 1/4 TOURAINE. Fonds, 0,497 | Bouge, 0,565				**152** 1/2 BUSSE COGNAC. Fonds, 0,473 | Bouge, 0,557				**155** ABSINTHE. Fonds, 0,474 | Bouge, 0,570			
cent.	litres.	cent.	litres.	cent.	litres.	cent.	litres.	cent.	litres.	cent.	litres.
4	2	17	31	3	1	16	33	3	1	16	33
5	3.5	18	34	4	2	17	36.5	4	2.5	17	35
6	5	19	37	5	4	18	40	5	4	18	39
7	7	20	40	6	5.5	19	43.5	6	5	19	43
8	9	21	43	7	7.5	20	47	7	7.5	20	46.5
9	11	22	46	8	10	21	50.5	8	10	21	50
10	13	23	49	9	12.5	22	54	9	12	22	53
11	15.5	24	52	10	15	23	58	10	15	23	57
12	18	25	55	11	17.5	24	61.5	11	17	24	61
13	20.5	26	58	12	20.5	25	65	12	20	25	64
14	23	27	61	13	23.5	26	69	13	23	26	68
15	25.5	28	64	14	26.5	27	73	14	26	27	72
16	28	28.25	65	15	30	27.85	76	15	29.5	28	76

155 — AMÉRICAIN. — Fonds, 0,470 ; Bouge, 0,550 · 160 — 1/2 BUSSE COGNAC. — Fonds, 0,485 ; Bouge, 0,560 · 170 — 1/2 BUSSE COGNAC. — Fonds, 0,465 ; Bouge, 0,565 · 170 — 1/4 ROCHELLE. — Fonds, 0,504 ; Bouge, 0,590 · 180 — 1/4 ROCHELLE. — Fonds, 0,508 ; Bouge, 0,590 · 182 — CHATEAU-TIERRY. — Fonds, 0,540 ; Bouge, 0,600

cent.	litres.	cent.	litres.	cent.	litres.	cent.	litres.	cent.	litres.	cent.	litres.
3	1	3	1	3	1	3	1	3	1.5	3	1.5
4	2	4	2	4	2	4	2	4	3	4	3
5	3	5	4	5	4	5	3	5	4.5	5	5
6	5	6	6	6	6	6	5	6	6	6	7
7	8	7	8	7	8	7	7	7	8	7	9
8	10.5	8	10	8	10	8	9	8	10	8	11 5
9	13	9	13	9	13	9	12	9	13	9	14
10	16	10	15	10	16	10	14	10	16	10	17
11	19	11	18	11	19	11	17	11	19	11	20
12	22	12	21	12	22	12	20	12	22	12	23
13	25	13	24	13	25	13	23	13	25	13	26
14	28	14	28	14	29	14	26	14	29	14	29.5
15	31	15	31	15	32	15	30	15	32	15	33
16	34	16	35	16	36	16	33	16	36	16	36.5
17	38	17	38	17	40	17	37	17	39	17	40
18	42.5	18	42	18	43	18	40	18	43	18	43.5
19	45	19	45	19	47	19	44	19	47	19	47
20	48	20	49	20	51	20	48	20	51	20	51
21	52	21	53	21	55	21	51	21	55	21	55
22	56	22	56	22	59	22	55	22	59	22	59
23	60	23	60	23	63	23	59	23	63	23	63
24	64	24	64	24	67	24	63	24	67	24	67
25	68	25	68	25	71	25	67	25	71	25	71
26	72	26	72	26	75	26	71	26	75	26	75
27	76	27	76	27	79	27	75	27	79	27	79
27.50	77.5	28	80	28	84	28	79	28	84	28	83
				28.25	85	29	83	29	88	29	87
						29.50	85	29.50	90	30	91

165 — 1/4 ROCHELLE. — Fonds, 0,500 | Bouge, 0,585 · 172 — VILLENOXE. — Fonds, 0,510 | Bouge, 0,586 · 185 — 1/2 BUSSE COGNAC. — Fonds, 0,500 | Bouge, 0,575

cent.	litres.	cent.	litres.	cent.	litres.	cent.	litres.	cent.	litres.	cent.	litres.
4	2	17	36.5	4	2	17	38	3	1	16	39
5	3	18	40	5	4	18	42	4	3	17	43
6	5	19	44	6	6	19	46	5	4	18	46
7	7	20	47	7	9	20	50	6	7	19	50
8	9	21	51	8	11	21	54	7	9	20	55
9	12	22	55	9	13	22	58	8	12	21	59
10	14.5	23	58	10	16	23	61	9	15	22	65
11	17	24	62	11	19	24	65	10	18	23	67
12	20	25	66	12	22	25	69	11	21	24	72
13	23.5	26	70	13	25	26	73	12	24	25	76
14	27	27	74	14	28	27	77	13	28	26	80
15	30	28	77	15	32	28	81	14	31	27	85
16	33	29	81	16	35	29	85	15	35	28	89
		29.65	82.5			29.50	86			28.75	92.5

198 RENAISON		200 BUSSE COGNAC		202 LONGUETTE JARNAC		205 MARSEILLE RHUM		209 GAILLAC		212 BUSSE COGNAC	
Fonds, 0,585	Bouge, 0,616	Fonds, 0,505	Bouge, 0,505	Fonds, 0,388	Bouge, 0,485	Fonds, 0,490	Bouge, 0,610	Fonds, 0,490	Bouge, 0,620	Fonds, 0,510	Bouge, 0,620
cent.	litres.	cent.	litres.	cent.	litres.	cent.	litres.	cent.	litres.	cent.	litres.
3	2	3	1	3	1.5	3	1	4	2	4	2
4	4	4	2	4	3	4	2	5	3	5	3.5
5	6	5	4	5	6	5	3	6	5	6	5.5
6	8	6	6	6	9	6	5	7	7	7	8
7	10.5	7	9	7	12	7	7	8	9.5	8	10
8	13	8	12	8	16	8	9	9	12	9	13
9	16	9	15	9	20	9	12	10	15	10	16
10	19	10	18	10	24	10	15	11	18	11	19.5
11	22	11	21	11	29	11	19	12	21.5	12	23
12	25.5	12	24	12	34	12	23	13	25	13	26.5
13	29	13	28	13	38	13	25	14	29	14	30
14	32.5	14	32	14	43	14	29	15	33	15	34
15	36	15	35	15	48	15	33	16	37	16	38
16	39.5	16	39	16	54	16	37	17	41	17	42
17	43	17	43	17	59	17	41	18	45	18	46
18	47	18	47	18	65	18	45	19	49	19	50.5
19	51	19	52	19	71	19	49	20	53.5	20	55
20	55	20	56	20	76	20	54	21	58	21	59.5
21	59	21	60	21	82	21	59	22	62.5	22	64
22	63	22	65	22	88	22	63	23	67	23	68.5
23	67	23	69	23	94	23	67	24	71.5	24	75
24	71	24	74	24	99.5	24	71	25	76	25	77.5
25	75	25	78	24.25	101	25	75	26	80.5	26	82
26	79	26	83	26		26	80	27	85	27	87
27	83	27	87	27		27	85	28	90	28	92
28	87	28	92	28		28	90	29	95	29	96.5
29	91.5	29	96	29		29	95	30	99.5	30	1.01
30	96	30	101			30.5	102.5	31	1.04.5	31	1.06

202 REIMS				206 SANCERRE				215 RHUM			
Fonds, 0,557		Bouge, 0,640		Fonds, 0,592		Bouge, 0,662		Fonds, 0,577		Bouge, 0,640	
cent.	litres.	cent.	litres.	cent.	litres.	cent.	litres.	cent.	litres.	cent.	litres.
4	2	19	46	4	2.5	19	46	3	1.5	18	47
5	3.5	20	50	5	4	20	50	4	3	19	51
6	5	21	54	6	6	21	55.5	5	5	20	55
7	7	22	58	7	8	22	57	6	7	21	59
8	9.5	23	62.5	8	10.5	23	61.5	7	9.5	22	63
9	12	24	66.5	9	13	24	65	8	12	23	67.5
10	15	25	70.5	10	16	25	69	9	15	24	72
11	18	26	75	11	19	26	73	10	18	25	76
12	21	27	79	12	22	27	77.5	11	21	26	80.5
13	24	28	85.5	13	25	28	82	12	24.5	27	85
14	27.5	29	88	14	28	29	86	13	28	28	89.5
15	31	30	92.5	15	31.5	30	90	14	31.5	29	94
16	34.5	31	97	16	35	31	94	15	33	30	98.5
17	38	32	1.01	17	39	32	98	16	39	31	1.05
18	42			18	42.5	33	1.02	17	43	32	1.07.5

216 MARSEILLE. Fonds, 0,550 Bouge, 0,642		**216** MACON. Fonds, 0,552 Bouge, 0,654		**216** CAHORS. Fonds, 0,610 Bouge, 0,652		**220** MADÈRE. Fonds, 0,450 Bouge, 0,600		**220** BORDEAUX. Fonds, 0,570 Bouge, 0,646		**220** RICEYS. Fonds, 0,592 Bouge, 0,670	
cent.	litres.	cent.	litres.	cent.	litres.	cent.	litres.	cent.	litres.	cent.	litres.
3	1	3	1	2	1	3	1	.3	1	3	1
4	2	4	2	3	2	4	2	4	2.5	4	2.5
5	4	5	3.5	4	4	5	3	5	4.5	5	4
6	6	6	5.5	5	6	6	5	6	7	6	6
7	8	7	7.5	6	8	7	7	7	9	7	8
8	10.5	8	10	7	10	8	9	8	11.5	8	10.5
9	13	9	12.5	8	13	9	12	9	14.5	9	13.5
10	16.5	10	15.5	9	16	10	15	10	17	10	16.5
11	19.5	11	18.5	10	19	11	19	11	21	11	19.5
12	22.5	12	21.5	11	22	12	23	12	24	12	23
13	26	13	25	12	25	13	27	13	27.5	13	26
14	30	14	28.5	13	28.5	14	31	14	31	14	29.5
15	33.5	15	32	14	32	15	35	15	35	15	33
16	37.5	16	36	15	35.5	16	39.5	16	39	16	36.5
17	41	17	39.5	16	39	17	44	17	43	17	40
18	45	18	43.5	17	43	18	49	18	46.5	18	44
19	49	19	47.5	18	47	19	54	19	50.5	19	48
20	53.5	20	51.5	19	50.5	20	58.5	20	55	20	52
21	58	21	56	20	54.5	21	63.5	21	59	21	56
22	62	22	60	21	58.5	22	68.5	22	63	22	60
23	66.5	23	64	22	62.5	23	73	23	67.5	23	64
24	71	24	68.5	23	67	24	78.5	24	72	24	68
25	75	25	73	24	71	25	83.5	25	76.5	25	72.5
26	80	26	77.5	25	75	26	88.5	26	81	26	77
27	84.5	27	82	26	79	27	94	27	85.5	27	81
28	89	28	86.5	27	83.5	28	99	28	90	28	85.5
29	93.5	29	91	28	88	29	1.04.5	29	94.5	29	90
30	98	30	95	29	92	30	1.10	30	99	30	94.5
31	1.03	31	1.00	30	96.5			31	1.04	31	99
32	1.07.5	32	1.05	31	1.01			32	1.08.5	32	1.03
32.10	1.08	32.70	1.08	32	1.05.5			32.50	1.10	33	1.07.5
				32.60	1.08					33.50	1.10

220		**220**		**225**		**226**		**226**		**227**	
GAILLAC.		POUILLY.		LONGUETTE JARNAC.		MADÈRE.		CHINON.		BORDEAUX.	
Fonds, 0,360 Bouge, 0,650		Fonds, 0,536 Bouge, 0,664		Fonds, 0,495 Bouge, 0,600		Fonds, 0,482 Bouge, 0,520		Fonds, 0,595 Bouge, 0,661		Fonds, 0,588 Bouge, 0,655	
cent.	litres.	cent.	litres.	cent.	litres.	cent.	litres.	cent.	litres.	cent.	litres.
3	1.5	3	1	3	1	3	1	3	1	3	1
4	3	4	2	4	2	4	2	4	3	4	3
5	5	5	4	5	3	5	3	5	5	5	5
6	7	6	5.5	6	5	6	5	6	7	6	7
7	9.5	7	7.5	7	8	7	7	7	9	7	10
8	12.5	8	10	8	11	8	10	8	12	8	12
9	16	9	12.5	9	14	9	13	9	15	9	15
10	18.5	10	15.5	10	18	10	16	10	18	10	18
11	22	11	18.5	11	21.5	11	20	11	21	11	21.5
12	25.5	12	21.5	12	25	12	23	12	24	12	25
13	29	13	25	13	29	13	27	13	28	13	28.5
14	33	14	28.5	14	34	14	31	14	31.5	14	32
15	37	15	32	15	38	15	35	15	35	15	36
16	41	16	35.5	16	42	16	40	16	39	16	40
17	45	17	39.5	17	46	17	44	17	43	17	44
18	49	18	43.5	18	51	18	48	18	47	18	48
19	53	19	47.5	19	56	19	53	19	51	19	52
20	57	20	51.5	20	61	20	58	20	55	20	56
21	61.5	21	55.5	21	66	21	63	21	59	21	60
22	66	22	60	22	71	22	67	22	63	22	64
23	70.5	23	64	23	76	23	72	23	67.5	23	68
24	75	24	68.5	24	81	24	77	24	72	24	72
25	79.5	25	75	25	86	25	82	25	76	25	76
26	84	26	77	26	91	26	87	26	81	26	81
27	88.5	27	81.5	27	96	27	92	27	85.5	27	85
28	93.5	28	86	28	1.01.5	28	97	28	90	28	91
29	98	29	90.5	29	1.07	29	1.03	29	94.5	29	96
30	1.03	30	95	30	1.12.5	30	1.08	30	99	30	1.01
31	1.07.5	31	99.5			31	1.13	31	1.03.5	31	1.06
31.50	1.10	32	1.04					32	1.08	32	1.11
		33	1.09					33	1.12.5	32.05	1.13.5
		33.20	1.10					33.05	1.15		

	228 BEAUNE. Fonds, 0,620 Bouge, 0,655		**228** BUSSE SAUMUR. Fonds, 0,512 Bouge, 0,618		**230** ORLÉANS. Fonds, 0,609 Bouge, 0,685		**230** BUSSE COGNAC. Fonds, 0,557 Bouge, 0,625		**232** PIPE BARCELONNE. Fonds, 0,506 Bouge, 0,627		**234** TIERÇON D'HUILE. Fonds, 0,521 Bouge, 0,620
cent.	litres.	cent.	litres.	cent.	litres.	cent.	litres.	cent.	litres.	cent.	litres.
2	1	3	1	3	1	3	1	3	1	3	1
3	2	4	3	4	2	4	2	4	2	4	2
4	4	5	5	5	4	5	4	5	3.5	5	4
5	6	6	7	6	6	6	6	6	6	6	6
6	8	7	9	7	8.5	7	9	7	8	7	9
7	11	8	12	8	11	8	12	8	11	8	12
8	14	9	15	9	14	9	15	9	14	9	15
9	17	10	18	10	17	10	18.5	10	17	10	18
10	20	11	22	11	20	11	22	11	20.5	11	22
11	23	12	26	12	23	12	26	12	24	12	26
12	26.5	13	30	13	26.5	13	29.5	13	28	13	30
13	30.5	14	34	14	30	14	33.5	14	32	14	34
14	34	15	38	15	33.5	15	37.5	15	36	15	38
15	37	16	42	16	37	16	42	16	40.5	16	42
16	41.5	17	46	17	40.5	17	46	17	45	17	46
17	45	18	50.5	18	44.5	18	50.5	18	49.5	18	51
18	49	19	55	19	48.5	19	55	19	54	19	55
19	53.5	20	59.5	20	52.5	20	60	20	58.5	20	60
20	57.5	21	65	21	55.5	21	64.5	21	63.5	21	65
21	61.5	22	69.5	22	61	22	69	22	68	22	70
22	66	23	74	23	65	23	74	23	73	23	75
23	70.5	24	79	24	69	24	79	24	78	24	80
24	74.5	25	84	25	75.5	25	84	25	83	25	85
25	79	26	89	26	78	26	88.5	26	88	26	90
26	85.5	27	94	27	82	27	93.5	27	93.5	27	95
27	88	28	99	28	86.5	28	98.5	28	99	28	1.01
28	92.5	29	1.04	29	91	29	1.03.5	29	1.04	29	1.06
29	97	30	1.09.5	30	95.5	30	1.08	30	1.09	30	1.11
30	1.01.5	30.99	1.14	31	1.00	31	1.13.5	31	1.13	31	1.17
31	1.06			32	1.04.5	31.25	1.15	31.55	1.16		
32	1.11			33	1.09						
32.65	1.14			34	1.13.5						
				34.25	1.15						

234 TIERCEROLLE DE NICE.		231 BUSSE ANJOU.		235 1/2 PIPE MADÈRE.		236 TIERCEROLLE.		238 BLOIS.		240 BUSSE COGNAC.	
Fonds, 0,540 — Bouge, 0,625		Fonds, 0,602 — Bouge, 0,685		Fonds, 0,510 — Bouge, 0,640		Fonds, 0,505 — Bouge, 0,619		Fonds, 0,656 — Bouge, 0,692		Fonds, 0,550 — Bouge, 0,640	
cent.	litres.	cent.	litres.	cent.	litres.	cent.	litres.	cent.	litres.	cent.	litres.
3	1.5	3	1	3	1	3	1	3	1.5	3	1
4	3	4	2.5	4	2	4	2	4	3	4	2
5	5	5	4	5	3	5	4	5	5	5	4
6	7	6	6	6	5	6	6	6	7	6	6
7	10	7	8.5	7	7	7	9	7	9.5	7	9
8	13	8	11	8	10	8	11.5	8	12	8	12
9	16	9	14	9	13	9	14.5	9	15	9	15
10	19	10	17	10	16	10	18	10	18	10	18
11	23	11	20	11	19	11	22	11	21	11	21
12	27	12	23	12	21	12	25.5	12	24.5	12	24
13	31	13	26.5	13	27	13	29.5	13	28	13	28
14	35	14	30	14	31	14	34	14	31.5	14	33
15	39	15	34	15	35	15	38	15	35	15	37
16	43	16	37	16	39	16	42.5	16	38.5	16	41
17	47.5	17	41	17	43	17	47	17	42.5	17	43
18	52	18	45	18	48	18	51.5	18	46.5	18	50
19	56.5	19	49	19	55	19	56.5	19	50.5	19	55
20	61	20	55	20	57	20	61	20	54.5	20	60
21	66	21	57	21	62	21	66	21	58.5	21	65
22	71	22	61.5	22	67	22	71	22	63	22	69
23	76	23	66	23	72	23	76	23	67	23	74
24	81	24	70	24	77	24	81	24	71	24	79
25	86	25	75	25	81	25	86.5	25	75.5	25	84
26	91	26	79	26	86	26	92	26	80	26	89
27	96	27	85.5	27	91	27	97	27	84.5	27	94
28	1.01	28	88	28	97	28	1.02	28	89	28	99
29	1.06	29	92.5	29	1.02	29	1.07.5	29	93.5	29	1.04
30	1.11	30	97	30	1.07	30	1.13	30	98	30	1.09
31	1.16	31	1.01.5	31	1.12	30.93	1.18	31	1.02.5	31	1.14
31.15	1 17	32	1.06	32	1.17.5			32	1.07	32	1.20
		33	1.10.5					33	1.11.5		
		34	1.16					34	1.16		
		34.25	1.17					34.60	1.19		

210 PETIT FUT ANGLAIS.		244 CHER.		245 BUSSE COGNAC,		245 PIÈCE DE RHUM.		248 MARMANDE.		248 BUSSE ANJOU.	
Fonds, 0,550 Bouge, 0,680		Fonds, 0.627 Bouge, 0,700		Fonds, 0,573 Bouge, 0.633		Fonds, 0,580 Bouge, 0,663		Fonds, 0,560 Bouge, 0,640		Fonds, 0,554 Bouge, 0,633	
cent.	litres.	cent.	litres.	cent.	litres.	cent.	litres.	cent.	litres.	cent.	litres.
3	1	3	1	3	1	3	1	3	1	3	1.5
4	2	4	3	4	3	4	2.5	4	3	4	3
5	3	5	4	5	5	5	4.5	5	5	5	5
6	4	6	6	6	8	6	6.5	6	7	6	7.5
7	6	7	8.5	7	11	7	9	7	10	7	10
8	9	8	11	8	14	8	12	8	13	8	13
9	12	9	14	9	17	9	15	9	16	9	16.5
10	15	10	17	10	20	10	18	10	20	10	20
11	18	11	20	11	24	11	21	11	24	11	23.5
12	21	12	23	12	28	12	25	12	27	12	27.5
13	24	13	26.5	13	32	13	28.5	13	31	13	31.5
14	28	14	30	14	36	14	32.5	14	35	14	35.5
15	32	15	34	15	40.5	15	36.5	15	39	15	40
16	36	16	37.5	16	45	16	40.5	16	44	16	44.5
17	40	17	41	17	49	17	45	17	48	17	49
18	44	18	45	18	54.5	18	49	18	53	18	53.5
19	48	19	49	19	59	19	53.5	19	57	19	58
20	53	20	53	20	63	20	58	20	62	20	63
21	57	21	57.5	21	68	21	62.5	21	67	21	68
22	62	22	61.5	22	73	22	67	22	72	22	73
23	66	23	66	23	78.5	23	72	23	77	23	78
24	71	24	70.5	24	83	24	77	24	82	24	83
25	76	25	75	25	88	25	81.5	25	87	25	88
26	80	26	79	26	93	26	86	26	92	26	93.5
27	85	27	85.5	27	99	27	91	27	98	27	99
28	90	28	88	28	1.04.5	28	96	28	1.03	28	1.04
29	95	29	92.5	29	1.09	29	1.01	29	1.08	29	1.09
30	1.00	30	97	30	1.14	30	1.06	30	1.13	30	1.14.5
31	1.05	31	1 02	31	1.20	31	1.11	31	1.19	31	1.20
32	1.10	32	1.06.5	31.75	1.22.5	32	1.16	32	1.24	31.75	1.24
33	1.15	33	1.11			33	1.21				
34	1.20	34	1.15.5			33.25	1.22.5				
		35	1.20								
		35.30	1.22								

255 BUSSE COGNAC. Fonds, 0,520 Bouge, 0,650		259 VOUVRAY. Fonds, 0,625 Bouge, 0,720		260 PIÈCE DE RHUM. Fonds, 0,580 Bouge, 0,680		263 TAVEL. Fonds, 0,650 Bouge, 0,700		265 BUSSE COGNAC. Fonds, 0,595 Bouge, 0,685		268 LIMONI. Fonds, 0,612 Bouge, 0,706	
cent.	litres.	cent.	litres.	cent.	litres.	cent.	litres.	cent.	litres.	cent.	litres.
3	1	3	1	3	1	3	1	3	1	3	1
4	2	4	2.5	4	2	4	3	4	2	4	2.5
5	4	5	4	5	4	5	5	5	4	5	4
6	6	6	6	6	6	6	7	6	6	6	6.5
7	8	7	8	7	8.5	7	10	7	9	7	9
8	11	8	10.5	8	11	8	13	8	12	8	11.5
9	15	9	13.5	9	14	9	16	9	15	9	14
10	18	10	16.5	10	17.5	10	19	10	18	10	17.5
11	22	11	19.5	11	21	11	22	11	22	11	21
12	26	12	23	12	24.5	12	26	12	26	12	24.5
13	30	13	26.5	13	29	13	29	13	30	13	28.5
14	34	14	30	14	32.5	14	33	14	34	14	32
15	38	15	34	15	36.5	15	38	15	38	15	36
16	42	16	38	16	40.5	16	42	16	43	16	40.5
17	47	17	42	17	45	17	46	17	47	17	44.5
18	52	18	46	18	49.5	18	50	18	52	18	49
19	57	19	50	19	54	19	54	19	57	19	55
20	61	20	54	20	58.5	20	58	20	62	20	58
21	66	21	58.5	21	63	21	63	21	67	21	62.5
22	71	22	65	22	68	22	68	22	72	22	67
23	77	23	67.5	23	73.5	23	75	23	77	23	72
24	82	24	72	24	78	24	78	24	82	24	77
25	87	25	76	25	83	25	82	25	88	25	81.5
26	92	26	81	26	88	26	87	26	93	26	86.5
27	97	27	86	27	93	27	92	27	98	27	91
28	1.03	28	90.5	28	98.5	28	97	28	1.03	28	96.5
29	1.08	29	95	29	1.03.5	29	1.02	29	1.09	29	1.01.5
30	1.14	30	1.00	30	1.09	30	1.07	30	1.14	30	1.06
31	1.19	31	1.05	31	1.14	31	1.12	31	1.20	31	1.11.5
32	1.24	32	1.10	32	1.19	32	1.17	32	1.25	32	1.17
32,50	1.27 1/2	33	1.14.5	33	1.24.5	33	1.22	33	1.31	33	1.22
		34	1.19.5	34	1.30	34	1.27	33 25	1.32.5	34	1.27
		35	1.24.5			35	1.32.5			35	1.32
		36	1.29.5							35,50	1.34

270 MADÈRE.		270 TIERCON D'HUILE.		270 BUSSE COGNAC.		275 1/2 QUEUE LANGUEDOC.		280 BUSSE COGNAC.		285 PIÈCE HOLLANDAISE.	
Fonds, 0,536 Bouge, 0,638		Fonds, 0,535 Bouge, 0,670		Fonds, 0,537 Bouge, 0.670		Fonds, 0,642 Bouge, 0,710		Fonds, 0.484 Bouge, 0,670		Fonds, 0,570 Bouge, 0,680	
cent.	litres.	cent.	litres.	cent.	litres.	cent.	litres.	cent.	litres.	cent.	litres.
3	1	3	1	3	1	3	1 1/2	3	1	3	1
4	2	4	2	4	2	4	3	4	2	4	2
5	4	5	3	5	4	5	5	5	3	5	4
6	6	6	5	6	6	6	7	6	4	6	6
7	8	7	8	7	9	7	10	7	6	7	9
8	11	8	11	8	12	8	13	8	9	8	12
9	14	9	14	9	15	9	16	9	12	9	15
10	18	10	18	10	18	10	19	10	15	10	18
11	21	11	22	11	22	11	22.5	11	19	11	22
12	25	12	26	12	26	12	26	12	23	12	26
13	29	13	30	13	30	13	30	13	27	13	30
14	33	14	34	14	34	14	34	14	31	14	34
15	37	15	39	15	39	15	38	15	35	15	39
16	42	16	43	16	43	16	42	16	40	16	44
17	47	17	48	17	47	17	46	17	45	17	49
18	52	18	53	18	52	18	51	18	50	18	54
19	57	19	58	19	57	19	55	19	55	19	59
20	62	20	62	20	62	20	60	20	61	20	64
21	67	21	67	21	67	21	64.5	21	66	21	69
22	72	22	72	22	72	22	69.5	22	72	22	74
23	77	23	77	23	78	23	74	23	77	23	80
24	83	24	82	24	83	24	79	24	83	24	85
25	88	25	88	25	88	25	84	25	89	25	91
26	93	26	93	26	93	26	89	26	95	26	96
27	99	27	99	27	99	27	94	27	1.01	27	1.02
28	1.05	28	1.04	28	1.04	28	99	28	1.06	28	1.08
29	1.10	29	1.09	29	1.10	29	1.04	29	1.12	29	1.14
30	1.16	30	1.15	30	1.15	30	1.09	30	1.19	30	1.19
31	1.21	31	1.21	31	1.21	31	1.14	31	1.25	31	1.25
32	1.27	32	1.26	32	1.26	32	1.19	32	1.31	32	1.30
33	1.33	33	1.32	33	1.32	33	1.24	33	1.37	33	1.36
33.40	1.35	33.30	1.35	33.50	1.35	34	1.29.5	33.50	1.40	34	1.42.5
						35	1.35				
						35.50	1.37.5				

286 PETIT MUIDS CAHORS. Fonds, 0,600 — Bouge, 0,680		290 BARRIQUE DE RHUM. Fonds, 0,548 — Bouge, 0,600		290 BUSSE COGNAC. Fonds, 0,503 — Bouge, 0,680		295 KIRSCH. Fonds, 0,610 — Bouge, 0,741		300 BAYONNE. Fonds, 0,585 — Bouge, 0,685		300 BARRIQUE MONTPELLIER. Fonds, 0,660 — Bouge, 0,700	
cent	litres.	cent	litres.	cent	litres.	cent	litres.	cent	litres.	cent	litres.
3	1.5	3	1	3	1	3	1	3	1	2	1
4	3	4	2	4	2	4	2	4	2.5	3	2
5	5	5	3.5	5	3	5	3.5	5	4	4	4
6	7.5	6	5	6	4.5	6	5	6	7	5	7
7	10.5	7	7.5	7	6.5	7	7	7	10	6	10
8	13.5	8	10	8	9	8	9.5	8	13	7	13
9	17	9	13.5	9	12	9	12.5	9	16	8	16
10	20.5	10	17	10	15.5	10	16	10	20	9	19
11	24.5	11	20.5	11	19	11	19.5	11	24	10	23
12	28.5	12	24.5	12	23	12	23	12	28	11	27
13	33	13	29	13	27.5	13	26.5	13	32	12	31
14	37	14	33	14	32	14	30.5	14	36	13	35
15	41.5	15	37.5	15	36.5	15	34.5	15	41	14	39
16	46	16	42	16	41	16	39	16	46	15	44
17	51	17	47	17	46	17	43.5	17	51	16	48
18	56	18	52	18	51	18	48	18	56	17	55
19	61	19	57	19	56.5	19	52.5	19	61	18	58
20	66	20	62	20	62	20	57	20	66	19	63
21	71	21	67.5	21	67.5	21	62	21	72	20	68
22	76	22	73	22	73	22	67	22	78	21	73
23	81.5	23	78.5	23	78.5	23	72	23	83	22	78
24	87	24	84	24	84	24	77	24	89	23	83
25	92.5	25	89.5	25	90	25	82	25	95	24	88
26	98	26	95	26	96	26	88	26	1.01	25	94
27	1.03.5	27	1.01	27	1.02	27	92.5	27	1.06	26	99
28	1.09	28	1.06.5	28	1.08	28	98	28	1.12	27	1.05
29	1.14.5	29	1.12.5	29	1.14	29	1.03	29	1.18	28	1.10
30	1.20	30	1.18	30	1.20	30	1.08.5	30	1.24	29	1.16
31	1.25.5	31	1.24	31	1.26	31	1.14	31	1.30	30	1.20
32	1.31	32	1.30	32	1.32	32	1.19.5	32	1.36	31	1.27
33	1.37	33	1.36	33	1.38.5	33	1.25	33	1.42	32	1.33
34	1.43	34	1.42	34	1.45	34	1.30.5	34	1.48	33	1.38
		34.50	1.45			35	1.36	34.25	1.50	34	1.44
						36	1.41.5			35	1.50
						37	1.47				
						37.05	1.47.5				
						39					

300		300		300		307		310		314	
AUVERGNE GRANDE.		BARRIQUE COGNAC.		TAVEL.		BARRIQUE COGNAC.		BARRIQUE MONTPELLIER.		AUVERGNE.	
Fonds, 0,700 Bouge, 0,775		Fonds, 0,587 Bouge, 0,700		Fonds, 0,624 Bouge, 0,725		Fonds, 0,595 Bouge, 0,720		Fonds, 0,674 Bouge, 0,715		Fonds, 0,623 Bouge, 0,783	
cent.	litres.	cent.	litres.	cent.	litres.	cent.	litres.	cent.	litres.	cent.	litres.
3	1.5	3	1.5	3	1	3	1	3	1	3	1
4	2.5	4	3	4	2	4	2	4	2	4	1.5
5	4.5	5	5	5	4	5	4	5	4	5	3
6	6.5	6	7	6	6.5	6	6	6	6	6	4.5
7	9	7	10	7	9	7	8.5	7	9	7	6
8	12	8	13	8	12	8	11	8	12	8	8.5
9	15	9	16	9	15	9	14	9	15	9	11
10	18	10	20	10	18.5	10	18	10	18	10	14
11	21	11	24	11	22	11	22	11	22	11	17
12	24.5	12	28	12	26	12	26	12	26	12	20.5
13	28	13	32	13	30	13	30	13	30.5	13	24.5
14	32	14	36	14	34	14	34	14	35	14	28.5
15	36	15	40.5	15	38.5	15	38.5	15	39.5	15	32.5
16	40	16	45	16	43	16	43	16	44	16	36.5
17	44	17	50	17	47.5	17	48	17	49	17	41
18	48	18	55	18	52	18	55	18	54	18	45.5
19	52.5	19	60	19	57	19	58	19	59	19	50
20	57	20	65	20	62	20	65	20	64	20	54.5
21	61.5	21	70	21	67	21	68	21	69.5	21	59.5
22	66	22	75.5	22	72	22	75	22	75	22	64
23	70.5	23	81	23	77	23	78.5	23	80.5	23	69
24	75	24	86.5	24	82	24	84	24	86	24	74
25	80	25	92	25	87.5	25	89.5	25	91.5	25	79
26	85	26	97.5	26	93	26	95	26	97	26	84.5
27	90	27	1.03	27	98.5	27	1.01	27	1.02.5	27	89
28	95	28	1.08.5	28	1.04	28	1.06.5	28	1.08	28	94
29	1.00	29	1.13	29	1.09.5	29	1.12	29	1.14	29	1.00.5
30	1.05	30	1.20.5	30	1.15	30	1.17.5	30	1.20	30	1.06
31	1.10	31	1.26	31	1.20.5	31	1.23.5	31	1.26	31	1.11.5
32	1.15	32	1.32	32	1.26	32	1.29.5	32	1.32	32	1.17
33	1.20	33	1.38	33	1.31.5	33	1.35.5	33	1.38	33	1.22.5
34	1.25	34	1.44	34	1.37	34	1.41.5	34	1.44	34	1.28
35	1.30	35	1.50	35	1.42.5	35	1.47.5	35	1.50	35	1.33.5
36	1.35.5			36	1.48	36	1.55.5	35.75	1.55	36	1.39
37	1.40.5			36.25	1.50					37	1.44.5
38	1.46									38	1.50
38.75	1.50									39	1.56
										39.15	1.57

315 BAYONNE		315 RHUM		315 BARRIQUE COGNAC		320 BARRIQUE MONTPELLIER		325 BARRIQUE MONTPELLIER		326 BARRIQUE COGNAC	
Fonds, 0,600	Bouge, 0,700	Fonds, 0,564	Bouge, 0,710	Fonds, 0,618	Bouge, 0,715	Fonds, 0,600	Bouge, 0,740	Fonds, 0,620	Bouge, 0,730	Fonds, 0,600	Bouge, 0,710
cent.	litres.	cent.	litres.	cent.	litres.	cent.	litres.	cent.	litres.	cent.	litres.
3	1	3	1	3	1	3	1	3	1	3	1.5
4	2.5	4	2	4	2	4	2	4	2	4	3
5	4	5	3.5	5	4	5	3	5	4	5	5
6	7	6	5.5	6	7	6	5	6	6.5	6	7
7	11	7	8	7	9	7	8	7	9	7	9.5
8	14	8	10.5	8	12	8	11	8	12	8	13
9	17	9	13.5	9	16	9	14	9	15	9	16
10	21	10	17	10	19	10	17	10	19	10	20
11	25	11	21	11	23	11	21	11	23	11	24
12	29	12	25	12	27	12	25	12	27	12	28
13	33	13	29.5	13	32	13	29	13	31	13	32
14	37	14	34	14	37	14	33	14	36	14	37
15	42	15	38.5	15	41	15	38	15	41	15	42.5
16	47	16	43.5	16	46	16	42	16	45.5	16	48
17	52	17	48.5	17	51	17	47	17	50	17	55
18	57	18	53.5	18	56	18	52	18	55	18	58
19	65	19	59	19	61	19	57	19	60	19	65
20	69	20	64.5	20	66	20	62	20	65.5	20	68
21	74	21	70	21	71	21	67	21	71	21	73
22	80	22	75.5	22	76	22	75	22	76	22	78
23	85	23	81	23	82	23	78	23	82	23	84
24	91	24	87	24	88	24	84	24	88	24	90
25	97	25	93	25	95	25	89	25	94	25	96
26	1.05	26	99	26	99	26	95	26	1.00	26	1.02
27	1.09	27	1.05	27	1.05	27	1.01	27	1.05	27	1.08
28	1.15	28	1.11	28	1.11	28	1.06	28	1.10.5	28	1.14
29	1.20	29	1.17	29	1.17	29	1.12	29	1.16	29	1.20
30	1.26	30	1.23	30	1.23	30	1.18	30	1.22	30	1.26
31	1.33	31	1.29	31	1.29	31	1.24	31	1.29	31	1.32
32	1.39	32	1.35.5	32	1.35	32	1.30	32	1.35	32	1.38
33	1.45	33	1.41.5	33	1.41	33	1.36	33	1.41	33	1.45
34	1.51	34	1.48	34	1.47	34	1.42	34	1.47	34	1.52
35	1.57.5	35	1.54.5	35	1.53	35	1.48	35	1.53	35	1.59
		35.50	1.57.5	35.75	1.57.5	36	1.54	36	1.59	35.50	1.63
						37	1.60	36.50	1.62.5		

326		330		334		335		338		340	
BAYONNE.		BARRIQUE MONTPELLIER.		AUVERGNE.		BARRIQUE COGNAC.		St-JEAN D'ANGELY.		PIÈCE MADÈRE.	
Fonds, 0,655 Bouge, 0,710		Fonds, 0,650 Bouge, 0,740		Fonds, 0,720 Bouge, 0,800		Fonds, 0,650 Bouge, 0,735		Fonds, 0,591 Bouge, 0,730		Fonds, 0,580 Bouge, 0,730	
cent.	litres.	cent.	litres.	cent.	litres.	cent.	litres.	cent.	litres.	cent.	litres.
3	1.5	3	1.5	3	1.5	3	1	3	1	3	1
4	3	4	2.5	4	3	4	2.5	4	2	4	2
5	6.5	5	4	5	5	5	4.5	5	3.5	5	3
6	8.5	6	6.5	6	7	6	6.5	6	5.5	6	5
7	11.5	7	9	7	9.5	7	9.5	7	8	7	7
8	14.5	8	12	8	12.5	8	13	8	11	8	10
9	18	9	15	9	13.5	9	16	9	14.5	9	13
10	22.5	10	19	10	19	10	20	10	18	10	16
11	26.5	11	25	11	22.5	11	24	11	22	11	20
12	31	12	27	12	26	12	28	12	26.5	12	24
13	35	13	31	13	29.5	13	32	13	31	13	28
14	40	14	36	14	34	14	37	14	35.5	14	33
15	45	15	40	15	38	15	42	15	40	15	38
16	50	16	45	16	42.5	16	47	16	45	16	43
17	55	17	50	17	47	17	52	17	50.5	17	48
18	60	18	55	18	51	18	57	18	55	18	53
19	65	19	60	19	55.5	19	62	19	61	19	59
20	70.5	20	65	20	60	20	67	20	66.5	20	65
21	76	21	70.5	21	65	21	72	21	72.5	21	70
22	81.5	22	76	22	70	22	78	22	78	22	76
23	87	23	81.5	23	75	23	83.5	23	84	23	82
24	93	24	87	24	80	24	89	24	90	24	88
25	99	25	93	25	85	25	95	25	96	25	94
26	1.05	26	99	26	90.5	26	1.01	26	1.02	26	1.00
27	1.11	27	1.05	27	95.5	27	1.07	27	1.08	27	1.06
28	1.17	28	1.10	28	1.01	28	1.13	28	1.14	28	1.13
29	1.23	29	1.16	29	1.06	29	1.18	29	1.20.5	29	1.20
30	1.29	30	1.22	30	1.11.5	30	1.24	30	1.27	30	1.27
31	1.35	31	1.28	31	1.17	31	1.32	31	1.33.5	31	1.33.5
32	1.41	32	1.34	32	1.22.5	32	1.38	32	1.40	32	1.40
33	1.47	33	1.40	33	1.28	33	1.44	33	1.46.5	33	1.46.5
34	1.55	34	1.46.5	34	1.33.5	34	1.50	34	1.55	34	1.53
35	1.59.5	35	1.52.5	35	1.39	35	1.56	35	1.59	35	1.60
35.50	1.65	36	1.58.5	36	1.44.5	36	1.62	36	1.65.5	36	1.67
		37	1.65	37	1.50	36.75	1.67.5	36.50	1.60	36.50	1.70
				38	1.55.5						
				39	1.61						
				40	1.67						

340		345		350		353		360		366	
BARRIQUE MONTPELLIER.		BARRIQUE COGNAC.		1/2 MUID MONTPELLIER.		1/2 MUID LANGUEDOC.		BARRIQUE COGNAC.		MUID LANGUEDOC.	
Fonds, 0,630 Bouge, 0,748		Fonds, 0,640 Bouge, 0,750		Fonds, 0,642 Bouge, 0,730		Fonds, 0,630 Bouge, 0,748		Fonds, 0,613 Bouge, 0,758		Fonds, 0,692 Bouge, 0,767	
cent.	litres.	cent.	litres.	cent.	litres.	cent.	litres.	cent.	litres.	cent.	litres.
3	1	3	1	3	1.5	3	1.5	3	1	3	1.5
4	2	4	2	4	3	4	3	4	2	4	3
5	4	5	4	5	5.5	5	5	5	4	5	5.5
6	6	6	6.5	6	8	6	7.5	6	6	6	8.5
7	9	7	9	7	11	7	11.5	7	8	7	11.5
8	12	8	13	8	14.5	8	13.5	8	11	8	15
9	15	9	15.5	9	18	9	17	9	14	9	18.5
10	19	10	19	10	22	10	21	10	18	10	22
11	23	11	23	11	26.5	11	25	11	22	11	26
12	26.5	12	27	12	31	12	29.5	12	26	12	30
13	31	13	32	13	35.5	13	34	13	30.5	13	35
14	36	14	36	14	41.5	14	38.5	14	35	14	40
15	40	15	41	15	45	15	43.5	15	40	15	45
16	45	16	46	16	50	16	48.5	16	45	16	50
17	50	17	51	17	55.5	17	55.5	17	50	17	55
18	55	18	55	18	61	18	59	18	55.5	18	60
19	60	19	61	19	66.5	19	64	19	61	19	65
20	65	20	67	20	72	20	70	20	66.5	20	70.5
21	70.5	21	72	21	77.5	21	75.5	21	72	21	76
22	76	22	77	22	85.5	22	81	22	78	22	81.5
23	82	23	85	23	89.5	23	87	23	84	23	87
24	88	24	88	24	91.5	24	93	24	90	24	95
25	94	25	94	25	1.01.5	25	99	25	96	25	99
26	1.00	26	1.00	26	1.07.5	26	1.05	26	1.02	26	1.05.5
27	1.05	27	1.06	27	1.14	27	1.11	27	1.08	27	1.11.5
28	1.11	28	1.12	28	1.20	28	1.17	28	1.14	28	1.17.5
29	1.17	29	1.18	29	1.26.5	29	1.23	29	1.20	29	1.23.5
30	1.23	30	1.24	30	1.33	30	1.29.5	30	1.28	30	1.30
31	1.29	31	1.30.5	31	1.39	31	1.36	31	1.34.5	31	1.36
32	1.36	32	1.37	32	1.45.5	32	1.42.5	32	1.41	32	1.42.5
33	1.42	33	1.43.5	33	1.52	33	1.49	33	1.47.5	33	1.48.5
34	1.49	34	1.50	34	1.58.5	34	1.55	34	1.54	34	1.55
35	1.55	35	1.56	35	1.65	35	1.61.5	35	1.60.5	35	1.61.5
36	1.62	36	1.61.5	36	1.71.5	36	1.67.5	36	1.67	36	1.67.5
37	1.68	37	1.69	36.50	1.75	37	1.74	37	1.74	37	1.74
37.40	1.70	37.50	1.72.5			37.50	1.76.5	37.90	1.80	38	1.81
										38.35	1.85

373		374		375		390		390		395	
RHUM.		1/2 BOTTE D'HUILE.		TIERÇON ARMAGNAC.		1/2 BOTTE D'HUILE.		TIERÇON ARMAGNAC.		BUSSARD.	
Fonds, 0,683 Bouge, 0,794		Fonds, 0,690 Bouge, 0,747		Fonds, 0,620 Bouge, 0,750		Fonds, 0,660 Bouge, 0,780		Fonds, 0,646 Bouge, 0,752		Fonds, 0,690 Bouge, 0,800	
cent.	litres.	cent.	litres.	cent.	litres.	cent.	litres.	cent.	litres.	cent.	litres.
3	1	2	1	3	1 1/2	3	1	3	1.5	3	1
4	2.5	3	2	4	3	4	2	4	3	4	2 1/2
5	4	4	4	5	5	5	4	5	5	5	4 1/2
6	6.5	5	7	6	7	6	7	6	7.5	6	7
7	9	6	10	7	10	7	10	7	11	7	10
8	12	7	13	8	13	8	13	8	14	8	13
9	15.5	8	17	9	17	9	16	9	18	9	16.5
10	19	9	21	10	21	10	20	10	22.5	10	20
11	23	10	25	11	26	11	24	11	27	11	24
12	27	11	29.5	12	31	12	28.5	12	31.5	12	28
13	31.5	12	34	13	36	13	33.5	13	36.5	13	32.5
14	36	13	39	14	41	14	38	14	41.5	14	37
15	40.5	14	43.5	15	46	15	43	15	47	15	42
16	45.5	15	49	16	52	16	48	16	52.5	16	47.5
17	50.5	16	54	17	58	17	53	17	58	17	52.5
18	55.5	17	59.5	18	64	18	59	18	63.5	18	58
19	60.5	18	65	19	70	19	65	19	69.5	19	63.5
20	66	19	70.5	20	76	20	71	20	75.5	20	69
21	71.5	20	76	21	82	21	76	21	82.5	21	75
22	77	21	82	22	88	22	82	22	88.5	22	81
23	82.5	22	88	23	94	23	88	23	95	23	87
24	88.5	23	94	24	1.01	24	94	24	1.01.5	24	93
25	94	24	1.00	25	1.08	25	1.00.5	25	1.08	25	98
26	1.00	25	1.06	26	1.14.5	26	1.06.5	26	1.14.5	26	1.05
27	1.06	26	1.12.5	27	1.21	27	1.13	27	1.21	27	1.11.5
28	1.12	27	1.19	28	1.27.5	28	1.20	28	1.27.5	28	1.18
29	1.18	28	1.25.5	29	1.34	29	1.27	29	1.34	29	1.24.5
30	1.24	29	1.31	30	1.41	30	1.33.5	30	1.41	30	1.31
31	1.30	30	1.38	31	1.48	31	1.40	31	1.48	31	1.37.5
32	1.36.5	31	1.44.5	32	1.55	32	1.46.5	32	1.55	32	1.44
33	1.43	32	1.51	33	1.62	33	1.53	33	1.62	33	1.50.5
34	1.49.5	33	1.57.5	34	1.60	34	1.60	34	1.69	34	1.57
35	1.56	34	1.64.5	35	1.76	35	1.67	35	1.76.5	35	1.64
36	1.62.5	35	1.71	36	1.84	36	1.74	36	1.83.5	36	1.70.5
37	1.68.5	36	1.77	36.50	1.87.5	37	1.81	37	1.91	37	1.77
38	1.75	37	1.84.5			38	1.88	37.60	1.95	38	1.84
39	1.82	37.35	1.87			39	1.93			39	1.91
39.70	1.86.5									40	1.97.5

408 RHUM		409 1/2 MUID LANGUEDOC		404 QUEUE		411 PIPE MADÈRE		420 TIERÇON ARMAGNAC		420 PIPE COGNAC	
Fonds, 0,670 — Bouge, 0,800		Fonds, 0,687 — Bouge, 0,780		Fonds, 0,635 — Bouge, 0,790		Fonds, 0,534 — Bouge, 0,726		Fonds, 0,640 — Bouge, 0,776		Fonds, 0,550 — Bouge, 0,730	
cent.	litres.	cent.	litres.	cent.	litres.	cent.	litres.	cent.	litres.	cent.	litres.
3	1	3	1.5	3	1	3	1	3	1.5	3	1
4	2	4	3	4	2	4	2	4	3	4	2
5	3.5	5	5.5	5	3.5	5	4	5	5	5	3.5
6	6	6	8	6	5.5	6	6	6	7	6	6
7	9	7	11	7	8	7	8.5	7	10.5	7	9
8	12	8	14.5	8	11	8	12	8	14	8	12
9	15	9	18	9	14	9	16	9	18	9	16
10	18	10	22.5	10	18	10	20	10	22	10	20
11	22	11	27	11	22	11	24.5	11	26	11	24
12	27	12	31.5	12	26.5	12	29.5	12	31	12	29
13	32	13	36	13	31	13	35	13	36	13	34.5
14	37	14	41	14	36	14	40.5	14	42	14	40
15	42	15	46.5	15	41	15	46.5	15	47	15	46
16	47	16	51.5	16	46.5	16	53	16	53	16	52
17	52	17	57	17	52	17	59	17	59	17	59
18	57	18	62.5	18	57.5	18	65.5	18	65	18	66
19	63	19	68	19	63	19	72.5	19	71	19	75
20	69	20	74	20	69	20	79	20	77	20	80
21	75	21	80	21	75	21	85	21	83.5	21	87
22	81	22	86	22	81.5	22	93.5	22	90	22	94
23	87	23	92.5	23	88	23	1.01	23	96.5	23	1.01
24	93	24	99	24	94	24	1.08	24	1.03	24	1.08
25	99	25	1.05	25	1.00.5	25	1.15.5	25	1.10	25	1.16
26	1.05.5	26	1.11.5	26	1.07.5	26	1.25	26	1.17	26	1.24
27	1.12	27	1.18	27	1.14	27	1.31	27	1.24	27	1.32
28	1.18	28	1.24.5	28	1.20.5	28	1.39	28	1.31.5	28	1.40
29	1.24	29	1.31	29	1.27	29	1.46.5	29	1.39	29	1.48
30	1.32	30	1.38	30	1.34	30	1.54.5	30	1.45.5	30	1.56
31	1.38.5	31	1.44.5	31	1.41	31	1.62.5	31	1.55	31	1.64
32	1.45	32	1.51.5	32	1.48	32	1.70.5	32	1.60	32	1.72
33	1.52	33	1.58	33	1.55	33	1.78.5	33	1.67.5	33	1.80
34	1.59	34	1.65	34	1.62.5	34	1.86.5	34	1.75	34	1.88
35	1.66	35	1.72	35	1.69.5	35	1.93	35	1.82	35	1.97
36	1.72.5	36	1.79	36	1.76.5	36	2.03	36	1.90	36	2.06
37	1.79	37	1.86	37	1.84	36.50	2.05.5	37	1.98	36.50	2.10
38	1.86	38	1.95	38	1.91			38	2.06		
39	1.95	39	2.00	39	1.98.5			38.80	2.10		
40	2.00			39.50	2.02						

420		424		424		425		440		440	
FUT ANGLAIS.		1/2 BOTTE D'HUILE.		PIÈCE DE RHUM.		TIERÇON ARMAGNAC.		FUT ANGLAIS.		FUT PRUSSIEN	
Fonds, 0,700 Bouge, 0,840		Fonds, 0,672 Bouge, 0,813		Fonds, 0,704 Bouge, 0,820		Fonds, 0,688 Bouge, 0,800		Fonds, 0,685 Bouge, 0,840		Fonds, 0,770 Bouge, 0,880	
cent.	litres.	cent.	litres.	cent.	litres.	cent.	litres.	cent.	litres.	cent.	litres.
3	1	3	1	3	1	3	1.5	3	1	3	1
4	2	4	2.5	4	2.5	4	3	4	2	4	2.5
5	3.5	5	3.5	5	4.5	5	5	5	3.5	5	4
6	5	6	6	6	7	6	7	6	5 1/2	6	6
7	7	7	9	7	10	7	10	7	8	7	9
8	10	8	12	8	13	8	13.5	8	10	8	12
9	14	9	15.5	9	16.5	9	17	9	13	9	13.5
10	18	10	19	10	20	10	21.5	10	17	10	19
11	22	11	23.5	11	24.5	11	26	11	21	11	25
12	26	12	28	12	29	12	31	12	25	12	27
13	30	13	32.5	13	34	13	36	13	30	13	31
14	34	14	37.5	14	39	14	41	14	36	14	35
15	39	15	43	15	44	15	46	15	41	15	40
16	44	16	48	16	49	16	51.5	16	46	16	43
17	49	17	53.5	17	54.5	17	57	17	51	17	50
18	55	18	59	18	60	18	65.5	18	57	18	55
19	60	19	65	19	65.5	19	69	19	63	19	60
20	66	20	71	20	71	20	75	20	69	20	66
21	72	21	77	21	77	21	81	21	75	21	72
22	78	22	85	22	85	22	87	22	84	22	78
23	84	23	89	23	89.5	23	95.5	23	87	23	84
24	90	24	95.5	24	96	24	1.00	24	95	24	89.5
25	96	25	1.02.5	25	1.02.5	25	1.06	25	99	25	95
26	1.01	26	1.08.5	26	1.09	26	1.13	26	1.06	26	1.01
27	1.08	27	1.15	27	1.15.5	27	1.20	27	1.12	27	1.07
28	1.15	28	1.22	28	1.22	28	1.27	28	1.19	28	1.13
29	1.23	29	1.29	29	1.28.5	29	1.34	29	1.25	29	1.19
30	1.28	30	1.36	30	1.35	30	1.40.5	30	1.32	30	1.25
31	1.34	31	1.43	31	1.41.5	31	1.48	31	1.40	31	1.32
32	1.41	32	1.50	32	1.48.5	32	1.55	32	1.48	32	1.39
33	1.47	33	1.57	33	1.55.5	33	1.62	33	1.55	33	1.45
34	1.54	34	1.64	34	1.62.5	34	1.69	34	1.62	34	1.52
35	1.61	35	1.71	35	1.69.5	35	1.76	35	1.68	35	1.59
36	1.68	36	1.78	36	1.76.5	36	1.85	36	1.76	36	1.65
37	1.75	37	1.85	37	1.85.5	37	1.90	37	1.85	37	1.72
38	1.82	38	1.92	38	1.90.5	38	1.97	38	1.90	38	1.79
39	1.89	39	1.99.5	39	1.97.5	39	2.05	39	1.98	39	1.85
40	1.96	40	2.07	40	2.04.5	40	2.12.5	40	2.05	40	1.92
41	2.05	40.65	2.12	41	2.12			41	2.12	41	1.99
42	2.10							42	2.20	42	2.06
										43	2.13
										44	2.20

445 PIPE MADÈRE. Fonds, 0,575 Bouge, 0,760		450 BOTTE D'HUILE D'ITALIE. Fonds, 0,731 Bouge, 0,790		454 BARRIQUE. Fonds, 0,657 Bouge, 0,758		455 MUID SAINT-GILLES. Fonds, 0,725 Bouge, 0,804		459 PETITE PIPE ANGLAISE. Fonds, 0,620 Bouge, 0,750		460 ARMAGNAC. Fonds, 0,710 Bouge, 0,800	
cent.	litres.	cent.	litres.	cent.	litres.	cent.	litres.	cent.	litres.	cent.	litres.
3	1	2	1	3	1	2	1	3	1.5	3	1.5
4	2	3	2.5	4	3	3	2	4	3	4	3.5
5	3.5	4	5	5	5	4	4	5	5	5	6
6	6	5	8	6	8	5	6	6	8	6	9
7	8.5	6	11	7	11.5	6	9	7	11.5	7	13
8	11.5	7	15	8	15	7	13	8	15.5	8	16
9	15	8	19	9	19.5	8	17	9	19.5	9	20.5
10	19.5	9	23	10	24	9	21	10	24.5	10	25.5
11	24	10	28	11	29	10	25.5	11	30	11	30.5
12	29	11	33	12	34.5	11	30	12	35	12	35.5
13	34	12	38	13	40.5	12	35	13	41	13	40.5
14	40	13	43	14	46.5	13	40.5	14	47	14	46.5
15	46	14	48	15	52.5	14	46	15	53.5	15	52
16	52	15	54	16	59	15	51.5	16	60	16	58
17	58.5	16	60	17	65.5	16	57.5	17	66.5	17	64
18	65	17	66	18	72	17	63	18	73.5	18	70
19	72	18	72	19	79	18	69	19	80.5	19	76.5
20	79	19	78	20	86	19	75.5	20	88	20	83
21	86	20	84	21	93	20	81.5	21	95	21	89
22	93.5	21	91	22	1.00	21	88	22	1.02.5	22	96
23	1.01	22	98	23	1.07.5	22	94.5	23	1.10	23	1.03
24	1.08.5	23	1.05	24	1.15	23	1.01.5	24	1.18	24	1.10
25	1.16	24	1.12	25	1.22.5	24	1.08	25	1.26	25	1.17
26	1.24	25	1.19	26	1.31	25	1.15	26	1.34	26	1.24
27	1.32	26	1.26	27	1.38.5	26	1.22	27	1.42	27	1.31.5
28	1.40	27	1.32	28	1.46.5	27	1.29	28	1.50	28	1.39
29	1.48	28	1.39	29	1.54	28	1.36	29	1.58	29	1.46
30	1.56	29	1.46	30	1.62	29	1.43.5	30	1.66	30	1.53.5
31	1.64	30	1.54	31	1.70	30	1.51	31	1.74.5	31	1.61
32	1.72	31	1.61	32	1.78	31	1.58.5	32	1.83	32	1.68.5
33	1.80.5	32	1.69	33	1.86	32	1.65.5	33	1.91	33	1.76
34	1.88.5	33	1.76	34	1.94.5	33	1.73	34	1.99.5	34	1.84
35	1.97	34	1.85	35	2.03	34	1.80.5	35	2.08	35	1.92
36	2.05.5	35	1.91	36	2.11	35	1.87.5	36	2.16.5	36	2.00
37	2.11	36	1.98	37	2.19	36	1.95.5	37	2.25	37	2.07
38	2.22.5	37	2.06	37.00	2.27	37	2.02.5	37.50	2.29.5	38	2.15
		38	2.14			38	2.10			39	2.22
		39	2.21			39	2.18			40	2.30
		39.50	2.25			40	2.26				
						40.20	2.27.5				

460 PIPE ABSINTHE Fonds, 0 770 Bouge, 0,805		462 PIPE ESPAGNOLE Fonds, 0,620 Bouge, 0,776		464 MUID ROUSSILLON Fonds, 0.685 Bouge, 0,870		467 MUID LANGUEDOC Fonds, 0,702 Bouge, 0,825		470 1/2 BOTTE D'HUILE Fonds, 0,720 Bouge, 0,800		470 FUT ANGLAIS Fonds, 0,800 Bouge, 0,900	
cent.	litres.	cent.	litres.	cent.	litres.	cent.	litres.	cent.	litres.	cent.	litres.
3	1.5	3	1	3	1	3	1	3	1.5	3	1.5
4	3	4	2.5	4	2	4	2.5	4	3	4	3
5	5	5	4	5	3	5	4.5	5	6	5	5
6	8	6	6.5	6	5	6	7	6	9	6	7
7	11	7	9.5	7	7	7	10	7	13	7	10
8	14	8	13	8	9.5	8	13.5	8	17	8	13.5
9	18	9	17	9	12.5	9	17	9	21	9	17
10	22	10	21.5	10	16	10	21	10	26	10	20.5
11	26	11	26	11	20	11	26	11	31	11	24.5
12	30	12	31.5	12	24	12	31	12	36	12	29
13	35	13	37	13	29	13	36	13	42	13	33.5
14	40	14	42.5	14	33.5	14	41	14	48	14	38.5
15	45	15	49	15	38.5	15	47	15	54	15	43
16	50	16	55	16	44	16	53	16	60	16	48
17	55.5	17	61.5	17	49	17	58.5	17	66	17	53.5
18	61	18	68	18	55	18	64.5	18	72	18	59
19	67	19	75	19	60.5	19	70.5	19	78	19	64.5
20	73	20	82	20	66.5	20	77	20	85	20	70
21	79	21	89	21	72.5	21	83.5	21	92	21	75.5
22	85	22	96	22	78.5	22	90	22	99	22	81.5
23	91	23	1.03.5	23	85	23	97	23	1.06	23	86.5
24	97	24	1.11	24	91.5	24	1.04	24	1.13	24	95
25	1.03	25	1.18.5	25	98	25	1.11	25	1.20	25	99
26	1.09.5	26	1.26	26	1.05	26	1.18	26	1.27	26	1.06
27	1.16	27	1.34	27	1.11.5	27	1.25	27	1.34	27	1.12
28	1.22.5	28	1.42	28	1.18.5	28	1.32	28	1.42	28	1.18
29	1.30	29	1.50	29	1.25.5	29	1.39.5	29	1.49	29	1.24
30	1.36.5	30	1.58	30	1.32	30	1.47	30	1.57	30	1.30.5
31	1.43	31	1.66	31	1.39	31	1.54	31	1.64.5	31	1.37.5
32	1.50	32	1.74	32	1.46	32	1.61.5	32	1.72	32	1.44.5
33	1.57	33	1.82.5	33	1.53.5	33	1.69	33	1.80	33	1.51.5
34	1.64	34	1.91	34	1.61	34	1.76	34	1.88	34	1.58
35	1.71	35	1.99	35	1.68.5	35	1.84.5	35	1.95.5	35	1.65
36	1.78	36	2.07	36	1.76	36	1.92	36	2.03	36	1.72
37	1.85	37	2.15.5	37	1.83	37	2.00	37	2.11	37	1.79
38	1.92	38	2.24	38	1.90.5	38	2.07.5	38	2.19	38	1.86
		38.80	2.31								
39	1.99			39	1.98	39	2.15	39	2.27	39	1.92.5
40	2.06			40	2.05.5	40	2.23	40	2.35	40	1.99
41	2.13			41	2.13	41	2.31			41	2.06
42	2.20			42	2.20.5	41.50	2.35.5			42	2.13
43	2.27			43	2.28					43	2.20
43.25	2.59			43.50	2.52					44	2.27
										45	2.35

474 PIPE PORTO. — Fonds, 0,675 / Bouge, 0,770		**475** BOTTE D'HUILE D'ITALIE. — Fonds, 0,755 / Bouge, 0,850		**480** ARMAGNAC. — Fonds, 0,700 / Bouge, 0,815		**481** PIPE ESPAGNOLE — Fonds, 0,620 / Bouge, 0,790		**483** 1/2 BOTTE D'HUILE. — Fonds, 0,710 / Bouge, 0,850		**490** PIPE MADÈRE. — Fonds, 0,600 / Bouge, 0,800	
cent.	litres.	cent.	litres.	cent.	litres.	cent.	litres.	cent.	litres.	cent.	litres.
2	1	3	1 1/2	2	1	3	1	3	1	3	1
3	2	4	3	3	2	4	2	4	3	4	2
4	4	5	5	4	3	5	4	5	5	5	3
5	6.5	6	8	5	5	6	6	6	7	6	5
6	10	7	11	6	8	7	9	7	10	7	7
7	13.5	8	15	7	11	8	12	8	14	8	10
8	17.5	9	19	8	15	9	16	9	18	9	14
9	22	10	23	9	19	10	20.5	10	22	10	18
10	27	11	28	10	23	11	25	11	26	11	23
11	32.5	12	33	11	28	12	30.5	12	32	12	29
12	38	13	38	12	33	13	36	13	37	13	34
13	44	14	43	13	39	14	41.5	14	42	14	40
14	50	15	49	14	44	15	47.5	15	48	15	45
15	56	16	55	15	50	16	54	16	54	16	51
16	62.5	17	61	16	56	17	60.5	17	60	17	57
17	69	18	67	17	62	18	67	18	66	18	64
18	76	19	75	18	69	19	74	19	72	19	71
19	83	20	79	19	75	20	81	20	79	20	78
20	90	21	86	20	82	21	88.5	21	85	21	86
21	97	22	93	21	89	22	96	22	92	22	94
22	1.04	23	1.00	22	96	23	1.03.5	23	99	23	1.00
23	1.11.5	24	1.06	23	1.03	24	1.11	24	1.06	24	1.08
24	1.19	25	1.13	24	1.11	25	1.19	25	1.13	25	1.16
25	1.27	26	1.20	25	1 17	26	1.27	26	1.20	26	1.25
26	1.35	27	1.27	26	1.24	27	1.35	27	1.28	27	1.33
27	1.43	28	1.35	27	1 32	28	1.43	28	1.35	28	1.41
28	1.51	29	1.42	28	1.39	29	1.51	29	1.43	29	1.49
29	1.59	30	1.49	29	1.47	30	1.59.5	30	1.50	30	1.57
30	1.67	31	1.56	30	1.55	31	1.67.5	31	1.58	31	1.66
31	1.75	32	1.63	31	1.63	32	1.76	32	1.65	32	1.74
32	1.83	33	1.71	32	1.70	33	1.84.5	33	1.73	33	1.82
33	1.91	34	1.79	33	1.78	34	1.93	34	1.81	34	1.90
34	1.99	35	1.86	34	1.86	35	2.01.5	35	1.89	35	1.98
35	2.07	36	1.94	35	1.94	36	2.10	36	1.97	36	2.06
36	2.15.5	37	2.02	36	2.02	37	2.18.5	37	2.05	37	2.15
37	2.24	38	2.09	37	2.10	38	2.27	38	2.13	38	2.23
38	2.32.5	39	2.17	38	2.18	39	2.36	39	2.21	39	2.33
38.50	2.37	40	2.25	39	2.26	39.80	2.40.5	40	2 29	40	2.43
		41	2.33	40	2.34			41	2.37		
		41.50	2.37.5	40.65	2.40			41.50	2.41.5		

493 1/2 MUID. Fonds, 0,715 Bouge, 0,860		495 FUT PRUSSIEN. Fonds, 0,805 Bouge, 0,940		500 PIÈCE DE SUÈDE. Fonds, 0,710 Bouge, 0,857		500 ARMAGNAC. Fonds, 0,750 Bouge, 0,845		500 BOTTE D'HUILE D'ITALIE. Fonds, 0,720 Bouge, 0,805		500 FUT PRUSSIEN. Fonds, 0,650 Bouge, 0,830	
cent.	litres.	cent.	litres.	cent.	litres.	cent.	litres.	cent.	litres.	cent.	litres.
3	1	3	1	3	1	3	1.5	2	1	3	1
4	2	4	2	4	2.5	4	3	3	2	4	2
5	4	5	3.5	5	4	5	5	4	4	5	4
6	7	6	5.5	6	6.5	6	8	5	7	6	6
7	10	7	8	7	9	7	11	6	10	7	8
8	13	8	11	8	12.5	8	14	7	13	8	11
9	16	9	14	9	16	9	18	8	18	9	14
10	21	10	17.5	10	20	10	22	9	25	10	18
11	25	11	21	11	24.5	11	27	10	27	11	23
12	30	12	25.5	12	29.5	12	32	11	35	12	28
13	35	13	30	13	35	13	36	12	38	13	33
14	40.5	14	34.5	14	40	14	43	13	43	14	38
15	46	15	39.5	15	45.5	15	49	14	49	15	44
16	51.5	16	44	16	51.5	16	55	15	55	16	50
17	57	17	49	17	57.5	17	61	16	62	17	57
18	63	18	54.5	18	65.5	18	68	17	69	18	63
19	69	19	60	19	70	19	74	18	76	19	70
20	75	20	65.5	20	76	20	80	19	82	20	77
21	82	21	71	21	83	21	86	20	89	21	84
22	88	22	77	22	90	22	93	21	96	22	91
23	95	23	83	23	97	23	1.01	22	1.03	23	98
24	1.02	24	89	24	1.04	24	1.08	23	1.10	24	1.06
25	1.09	25	95	25	1.11	25	1.15	24	1.18	25	1.13
26	1.16	26	1.01	26	1.18	26	1.23	25	1.26	26	1.21
27	1.23	27	1 07	27	1.25	27	1.30	26	1.34	27	1.29
28	1.30	28	1.14	28	1.32	28	1.37	27	1.41	28	1.37
29	1.37	29	1.20 5	29	1.40	29	1.44	28	1.49	29	1.45
30	1.45	30	1.27	30	1.48	30	1.52	29	1.57	30	1.55
31	1.52	31	1.34	31	1.55.5	31	1.60	30	1.65	31	1.61
32	1.60	32	1.41	32	1.63	32	1.64	31	1.73	32	1.69
33	1.67	33	1.47	33	1.71	33	1.73	32	1.82	33	1.77
34	1.76	34	1.54	34	1.78.5	34	1.83	33	1.90	34	1.85
35	1.85	35	1.61	35	1.87	35	1.91	34	1.98	35	1.94
36	1.90	36	1.68	36	1.94.5	36	1.99	35	2.06	36	2.02
37	1.98	37	1.75	37	2.02.5	37	2.08	36	2.14	37	2.10
38	2.06	38	1.82	38	2.10.5	38	2.16	37	2.22	38	2.19
39	2.13	39	1.89.5	39	2.18.5	39	2.24	38	2.30	39	2.28
40	2.21	40	1.97	40	2.23.5	40	2.32	39	2.39	40	2.37
41	2.29	41	2.04	41	2.31.5	41	2.40	40	2.48	41	2.46
42	2.37	42	2.10	42	2.43	42	2.48	40.25	2.50	41.50	2.50
43	2.45	43	2.18	42.85	2.50	42.25	2.50				
		44	2.25								
		45	2.32								
		46	2 39								
		47	2.47.5								

504		504		507		510		510		510	
QUEUE.		PIPE SAUMUR.		PIPE HOLLANDAISE.		PIPE MADÈRE.		FUT ANGLAIS.		1/2 MUID.	
Fonds, 0,745 Bouge, 0,790		Fonds, 0,640 Bouge, 0,798		Fonds, 0,650 Bouge, 0,800		Fonds, 0,660 Bouge, 0,850		Fonds, 0,660 Bouge, 0,870		Fonds, 0,752 Bouge, 0,880	
cent.	litres.	cent.	litres.	cent.	litres.	cent.	litres.	cent.	litres.	cent.	litres.
3	3	3	1	3	1	3	1	4	1	3	1
4	6	4	2.5	4	2.5	4	2	5	2	4	2
5	9	5	4.5	5	4.5	5	3	6	4	5	4
6	13	6	7	6	7	6	5	7	6	6	6.5
7	17.5	7	10	7	10	7	7	8	9	7	9
8	21.5	8	13	8	13.5	8	10	9	12	8	13
9	26.5	9	17	9	18	9	14	10	15	9	16
10	31.5	10	22	10	22.5	10	18	11	20	10	20
11	37	11	27	11	27.5	11	22	12	23	11	24.5
12	43	12	32.5	12	33	12	28	13	29	12	29
13	49	13	38	13	39	13	33	14	34	13	34.5
14	55	14	44	14	45	14	38	15	39	14	40
15	61.5	15	50.5	15	51	15	44	16	45	15	45
16	68	16	57	16	57.5	16	50	17	52	16	51
17	74.5	17	63.5	17	64	17	56	18	58	17	56.5
18	81.5	18	70.5	18	71	18	62	19	64	18	63
19	88.5	19	77.5	19	78.5	19	69	20	70	19	69
20	96	20	85	20	86	20	76	21	76	20	75
21	1.03	21	92.5	21	93	21	83	22	83	21	81
22	1.10	22	1.00	22	1.01	22	90	23	90	22	88
23	1.18	23	1.08	23	1.08.5	23	97	24	98	23	95
24	1.25.5	24	1.16	24	1.16.5	24	1.04	25	1.06	24	1.02
25	1.33	25	1.24	25	1.24.5	25	1.11	26	1.13	25	1.09
26	1.40.5	26	1.32	26	1.32.5	26	1.19	27	1.20	26	1.16
27	1.48.5	27	1.40	27	1.40.5	27	1.27	28	1.28	27	1.23
28	1.56.5	28	1.48.5	28	1.49	28	1.35	29	1.36	28	1.30.5
29	1.65	29	1.56.5	29	1.57.5	29	1.43	30	1.44	29	1.38
30	1.73	30	1.65	30	1.66	30	1.51	31	1.52	30	1.45
31	1.81	31	1.73.5	31	1.74.5	31	1.59	32	1.59	31	1.55
32	1.89	32	1.82.5	32	1.83	32	1.67	33	1.67	32	1.60
33	1.97	33	1.91	33	1.92	33	1.75	34	1.76	33	1.68
34	2.05.5	34	2.00	34	2.00.5	34	1.84	35	1.85	34	1.76
35	2.13.5	35	2.08.5	35	2.09	35	1.93	36	1.91	35	1.85
36	2.22	36	2.17	36	2.18	36	2.00	37	2.00	36	1.91
37	2.30.5	37	2.25.5	37	2.27	37	2.08	38	2.09	37	1.99
38	2.39	38	2.34.5	38	2.35.5	38	2.17	39	2.17	38	2.07
39	2.47.5	39	2.43.5	39	2.44.5	39	2.25	40	2.25	39	2.15
39.50	2.52	39.90	2.52	40	2.53.5	40	2.34	41	2.34	40	2.23
						41	2.43	42	2.42	41	2.31
						42	2.51	43	2.50	42	2.39
						42.50	2.55	43.50	2.55	43	2.47
										44	2.55

515 PIPE COLONIALE. Fonds, 0,425 Bouge, 0,520		525 FUT PRUSSIEN. Fonds, 0,785 Bouge, 0,930		527 PIPE COGNAC. Fonds, 0,650 Bouge, 0,785		530 1/2 MUID MONTPELLIER. Fonds, 0,780 Bouge, 0,900		530 BOTTE D'HUILE D'ITALIE. Fonds, 0,475 Bouge, 0,520		530 PIPE RUSSE. Fonds, 0,650 Bouge, 0,780	
cent.	litres.	cent.	litres.	cent.	litres.	cent.	litres.	cent.	litres.	cent.	litres.
2	2	3	1	3	1.5	2	1	1	1	2	1
3	4	4	2	4	5	3	2	2	2.5	3	2
4	8	5	3.5	5	5.5	4	5	3	6.5	4	3
5	13	6	5.5	6	8.5	5	6	4	12.5	5	5.5
6	19	7	8.5	7	12	6	7	5	19	6	8.5
7	27	8	11.5	8	16	7	10	6	26.5	7	12
8	36	9	11.5	9	20.5	8	13	7	33	8	18
9	45	10	13	10	25.5	9	17	8	44	9	20
10	55	11	22	11	31	10	21	9	54	10	26
11	65.5	12	27	12	37	11	25	10	64	11	31.5
12	76	13	32	13	43.5	12	31	11	74	12	38
13	87.5	14	36.5	14	50	13	36	12	85.5	13	44
14	99	15	41.5	15	56.5	14	41	13	97	14	50
15	1.11	16	47	16	63.5	15	47	14	1.08.5	15	57
16	1.23.5	17	55	17	70.5	16	53	15	1.20.5	16	64
17	1.36	18	58.5	18	78	17	59	16	1.33	17	71
18	1.49	19	64.5	19	85.5	18	65	17	1.45	18	79
19	1.62	20	.70	20	93	19	71	18	1.58	19	87
20	1.75.5	21	76	21	1.01	20	77	19	1.71	20	95
21	1.89	22	82.5	22	1.09	21	85	20	1.84	21	1.03
22	2.02	23	89	23	1.17.5	22	90	21	1.97	22	1.11
23	2.16	24	95.5	24	1.23	23	97	22	2.10.5	23	1.19
24	2.29.5	25	1.02	25	1.34.5	24	1.03	23	2.24	24	1.27.5
25	2.43.5	26	1.09	26	1.43	25	1.10	24	2.37.5	25	1.36
26	2.57.3	27	1.16	27	1.51.5	26	1.17	25	2.51	26	1.44.5
		28	1.23	28	1.60	27	1.25	26	2.65	27	1.54
		29	1.30	29	1.69	28	1.35			28	1.62.5
		30	1.37	30	1.78	29	1.40			29	1.71
		31	1.44	31	1.87	30	1.48			30	1.80
		32	1.51.5	32	1.96	31	1.56			31	1.80.5
		33	1.59	33	2.05	32	1.64			32	1.99
		34	1.66.5	34	2.14.5	33	1.72			33	2.08.5
		35	1.74	35	2.23.5	34	1.79			34	2.18
		36	1.81.5	36	2.33	35	1.86			35	2.27
		37	1.89	37	2.42	36	1.94			36	2.33
		38	1.96.5	38	2.51.5	37	2.02			37	2.43.5
		39	2.04	39	2.61	38	2.10			38	2.55
		40	2.11.5	39.25	2.65.5	39	2.18			39	2.65
		41	2.19			40	2.26				
		42	2.27			41	2.34				
		43	2.34.5			42	2.42				
		44	2.42			43	2.50				
		45	2.50			44	2.58				
		46	2.58			45	2.65				
		46.50	2.62.5								

540 MUID MONTPELLIER. Fonds, 0,840 — Bouge, 0,886		545 FUT AMÉRICAIN. Fonds, 0,835 — Bouge, 0,930		555 BARRIQUE COGNAC. Fonds, 0,720 — Bouge, 0,845		566 FUT ALLEMAND. Fonds, 0,845 — Bouge, 0,910		570 BOTTE D'HUILE D'ITALIE. Fonds, 0,570 — Bouge, 0,550		570 MUID. Fonds, 0,700 — Bouge, 0,910	
cent.	litres.	cent.	litres.	cent.	litres.	cent.	litres.	cent.	litres.	cent.	litres.
2	1.5	3	1	3	1.5	3	1.5	1	1.5	3	1
3	3	4	2.5	4	3	4	3	2	4	4	3
4	5.5	5	5	5	5	5	5	3	9	5	5
5	8.5	6	8	6	7.5	6	8	4	15	6	8
6	12	7	11	7	11	7	11	5	22	7	11
7	16	8	15	8	15	8	15	6	29.5	8	15
8	20	9	19	9	19.5	9	19	7	38	9	19
9	24.5	10	23	10	24	10	23	8	47	10	24
10	29	11	27	11	29.5	11	27	9	56	11	28
11	34	12	32	12	35	12	32	10	66	12	33
12	39	13	37	13	41	13	38	11	76.5	13	39.5
13	44.5	14	42	14	47	14	43	12	88	14	45
14	50	15	47	15	53.5	15	49	13	99	15	51
15	56	16	55	16	60	16	55	14	1.10	16	57
16	62	17	59	17	67	17	61	15	1.22	17	63
17	68	18	65	18	74	18	67	16	1.34	18	69.5
18	74	19	71	19	81	19	75	17	1.46	19	76
19	80.5	20	77	20	88	20	79	18	1.58.5	20	82
20	87	21	85	21	95.5	21	85	19	1.71	21	89
21	93.5	22	90	22	1.03	22	92	20	1.84	22	96
22	1.00	23	97	23	1.11	23	99	21	1.97	23	1.04
23	1.07	24	1.04	24	1.19	24	1.06	22	2.10	24	1.11
24	1.14	25	1.10	25	1.27	25	1.13	23	2.25.5	25	1.18
25	1.21	26	1.17	26	1.35	26	1.20	24	2.37.5	26	1.26
26	1.28	27	1.24	27	1.43	27	1.27	25	2.51.5	27	1.35
27	1.35.5	28	1.31	28	1.51	28	1.34	26	2.64.5	28	1.41
28	1.42.5	29	1.38	29	1.59.5	29	1.41	27	2.78	29	1.49
29	1.50	30	1.45	30	1.68.5	30	1.48	27.50	2.85	30	1.57
30	1.57.5	31	1.52	31	1.77	31	1.56			31	1.65
31	1.65	32	1.60	32	1.85.5	32	1.64			32	1.73
32	1.72.5	33	1.68	33	1.94	33	1.71			33	1.81
33	1.80.5	34	1.75	34	2.03	34	1.78			34	1.89
34	1.88	35	1.85	35	2.12	35	1.86			35	1.97
35	1.96	36	1.90	36	2.21	36	1.94			36	2.06
36	2.04	37	1.98	37	2.30	37	2.02			37	2.14
37	2.11.5	38	2.06	38	2.39	38	2.10			38	2.22
38	2.19.5	39	2.13.5	39	2.48	39	2.18			39	2.31
39	2.27.5	40	2.21	40	2.57	40	2.23			40	2.39
40	2.35.5	41	2.29	41	2.66	41	2.34			41	2.48
41	2.45	42	2.37	42	2.75	42	2.42			42	2.56
42	2.51	43	2.45	42.25	2.77.5	43	2.50			43	2.64
43	2.59	44	2.52.5			44	2.58			44	2.72
44	2.67.5	45	2.60			45	2.66			45	2.80
44.50	2.70	46	2.68			46	2.75			45.50	2.85
		46.50	2.72.5			47	2.85				

570 — FÛT PRUSSIEN. Fonds, 0,830 Bouge, 0,965		590 — FÛT PRUSSIEN. Fonds, 0,810 Bouge, 0,970		600 — FÛT PRUSSIEN. Fonds, 0,780 Bouge, 0,950		600 — PIPE MONTPELLIER. Fonds, 0,750 Bouge, 0,870		605 — FÛT PRUSSIEN. Fonds, 0,820 Bouge, 0,960		610 — BOTTE D'HUILE. Fonds, 0,525 Bouge, 0,585	
cent.	litres.	cent.	litres.	cent.	litres.	cent.	litres.	cent.	litres.	cent.	litres.
3	1	3	1	3	1	2	1	3	1.5	2	2
4	2	4	2	4	2	3	2	4	2.5	3	5
5	4	5	3	5	4	4	3	5	4	4	10
6	6.6	6	5	6	6	5	5	6	6	5	17
7	9	7	8	7	9	6	7.5	7	9	6	24
8	12.5	8	11	8	15	7	10.5	8	12	7	32
9	16	9	14	9	16	8	14.5	9	16	8	40
10	20	10	18	10	20	9	18.5	10	20	9	50
11	24	11	22	11	25	10	23.5	11	24	10	60
12	28.5	12	27	12	30	11	28.5	12	29	11	70
13	33.5	13	32	13	36	12	34.5	13	33	12	80.5
14	38.5	14	37	14	42	13	41	14	40	13	91
15	44	15	42	15	48	14	47	15	46	14	1.03
16	49	16	47	16	54	15	55	16	52	15	1.13
17	55	17	55	17	60	16	60	17	58	16	1.27
18	61	18	59	18	66	17	67	18	64	17	1.39
19	67	19	65	19	73	18	74.5	19	70	18	1.52.5
20	75	20	71	20	80	19	81.5	20	77	19	1.64
21	79	21	78	21	87	20	89.5	21	84	20	1.77
22	85.5	22	85	22	94	21	97	22	91	21	1.91
23	92	23	92	23	1.01	22	1.05	23	98	22	2.05
24	99	24	99	24	1.09	23	1.13.5	24	1.05	23	2.18
25	1.06	25	1.06	25	1.16	24	1.20	25	1.12	24	2.32
26	1.13	26	1.13	26	1.24	25	1.29	26	1.19	25	2.46
27	1.20	27	1.20	27	1.32	26	1.38	27	1.27	26	2.59
28	1.27	28	1.28	28	1.40	27	1.46.5	28	1.35	27	2.72
29	1.34	29	1.35	29	1.48	28	1.55.5	29	1.43	28	2.87
30	1.41	30	1.42	30	1.55	29	1.64	30	1.51	29	3.01
31	1.48.5	31	1.50	31	1.64	30	1.75	31	1.59	29.25	3.05
32	1.55	32	1.58	32	1.73	31	1.82	32	1.67		
33	1.64	33	1.66	33	1.81	32	1.92	33	1.75		
34	1.71.5	34	1.74	34	1.89	33	2.01	34	1.85		
35	1.79	35	1.82	35	1.98	34	2.09	35	1.91		
36	1.87	36	1.90	36	2.06	35	2.19	36	1.99		
37	1.95	37	1.98	37	2.15	36	2.29	37	2.07		
38	2.02.5	38	2.05	38	2.24	37	2.38	38	2.15		
39	2.10	39	2.15	39	2.33	38	2.48	39	2.24		
40	2.18	40	2.23	40	2.42	39	2.57	40	2.33		
41	2.26	41	2.31	41	2.51	40	2.67	41	2.42		
42	2.34	42	2.40	42	2.60	41	2.76	42	2.50		
43	2.42	43	2.48	43	2.68	42	2.85	43	2.58		
44	2.50	44	2.56	44	2.77	43	2.95	44	2.67		
45	2.58	45	2.64	45	2.86	43.50	3.00	45	2.76		
46	2.66	46	2.75	46	2.95			46	2.84.5		
47	2.74	47	2.82	46.50	3.00			47	2.95		
48	2.82.5	48	2.90					48	3.02.5		
48.50	2.85	48.50	2.95								

610 PIPE MONTPELLIER. Fonds, 0,750 — Bouge, 0,875		615 BOTTE D'HUILE. Fonds, 0,754 — Bouge, 0,879		620 PIPE MONTPELLIER. Fonds, 0,745 — Bouge, 0,900		620 FUT PRUSSIEN. Fonds, 0,800 — Bouge, 0,980		620 BOTTE D'HUILE. Fonds, 0,580 — Bouge, 0,610		625 PIPE MONTPELLIER. Fonds, 0,730 — Bouge, 0,860	
cent.	litres.	cent.	litres.	cent.	litres.	cent.	litres.	cent.	litres.	cent.	litres.
2	1	2	1	2	1	3	1	1	1	2	1
3	2	3	2	3	2	4	2	2	3.5	3	2
4	3	4	3	4	3	5	3	3	8	4	3
5	5	5	5.5	5	4.5	6	5	4	13	5	6
6	7	6	8.5	6	6.5	7	7.5	5	19.5	6	9
7	10.5	7	12	7	10	8	10.5	6	26.5	7	12
8	15	8	16.5	8	14	9	14	7	34.5	8	17.5
9	19	9	21	9	18	10	18	8	43	9	22.5
10	25.5	10	26	10	23	11	22	9	52	10	27
11	29	11	31	11	28	12	27	10	61	11	33
12	34	12	37	12	33	13	32	11	71	12	39
13	40.5	13	43	13	39	14	37	12	81	13	45
14	47	14	49.5	14	46	15	43	13	91.5	14	52.5
15	53.5	15	56	15	52	16	49	14	1.02.5	15	59
16	60.5	16	65	16	58.5	17	54.5	15	1.14	16	66
17	67.5	17	70	17	65.5	18	60.5	16	1.25.5	17	74
18	75	18	77	18	72	19	67	17	1.37	18	81
19	82	19	84.5	19	79.5	20	74	18	1.49	19	88
20	90	20	92	20	87	21	80.5	19	1.61	20	96
21	98	21	1.00	21	94	22	87	20	1.73	21	1.05
22	1.05	22	1.08	22	1.01.5	23	94	21	1.85.5	22	1.14
23	1.14	23	1.16	23	1.10	24	1.01	22	1.98	23	1.22
24	1.22	24	1.24	24	1.19	25	1.09	23	2.11	24	1.30
25	1.31	25	1.32.5	25	1.27	26	1.16	24	2.24	25	1.39
26	1.39	26	1.41.5	26	1.35.5	27	1.24	25	2.37	26	1.48
27	1.48	27	1.49.5	27	1.43.5	28	1.32	26	2.50	27	1.57
28	1.57	28	1.58.5	28	1.52	29	1.39	27	2.63	28	1.67
29	1.66	29	1.67.5	29	1.61	30	1.47	28	2.76	29	1.76
30	1.75	30	1.76.5	30	1.69.5	31	1.55	29	2.89.5	30	1.85
31	1.84	31	1.85.5	31	1.78.5	32	1.65	30	3.03	31	1.95
32	1.93	32	1.94.5	32	1.88	33	1.71	30.50	3.10	32	2.05
33	2.02	33	2.03.5	33	1.97	34	1.80			33	2.14.5
34	2.11	34	2.12.5	34	2.06	35	1.88			34	2.23
35	2.21	35	2.22	35	2.15	36	1.96			35	2.33
36	2.30	36	2.31.5	36	2.24.5	37	2.05			36	2.43
37	2.40	37	2.41	37	2.34	38	2.13			37	2.53
38	2.49	38	2.50.5	38	2.43	39	2.22			38	2.63
39	2.59	39	2.60	39	2.53	40	2.31			39	2.73
40	2.68.5	40	2.69.5	40	2.62	41	2.39			40	2.82.5
41	1.78	41	2.79.5	41	2.72	42	2.48			41	2.92
42	2.88	42	2.88.5	42	2.82	43	2.56.5			42	3.02
43	2.97.5	43	2.98	43	2.91	44	2.65			43	3.12.5
43.75	3.05	43.95	3.07.5	44	3.01	45	2.74				
				45	3.10	46	2.83				
						47	2.92				
						48	3.01				
						49	3.10				

630 BOTTE D'HUILE. Fonds, 0,758 — Bouge, 0,900		639 PIPE MONTPELLIER. Fonds, 0,750 — Bouge, 0,885		640 FUT ANGLAIS. Fonds, 0,730 — Bouge, 0,950		640 PIPE MONTPELLIER. Fonds, 0,750 — Bouge, 0,875		640 MUID MONTPELLIER. Fonds, 0,831 — Bouge, 0,887		650 FUT ALLEMAND. Fonds, 0,880 — Bouge, 1,050	
cent.	litres.	cent.	litres.	cent.	litres.	cent.	litres.	cent.	litres.	cent.	litres.
3	1	2	1	3	1	2	1	1	1	3	1
4	2	3	2	4	2	3	2	2	2	4	2
5	.4	4	3	5	3	4	3	3	4	5	3
6	7	5	4	6	5	5	5	4	6	6	5
7	10	6	7	7	7	6	7.5	5	9.5	7	7
8	13	7	10	8	10	7	11	6	14	8	10
9	17	8	14	9	13	8	15	7	18.5	9	15
10	22	9	18	10	17	9	20	8	25	10	18
11	27	10	25	11	21	10	25.5	9	28	11	20
12	33	11	28	12	25	11	30.5	10	33.5	12	24.5
13	38	12	34	13	31	12	36	11	39.5	13	29
14	44	13	40.5	14	37	13	42.5	12	43.5	14	34
15	51	14	47	15	43	14	49	13	52	15	39.5
16	58	15	54	16	48	15	56	14	58.5	16	45
17	64	16	60	17	54	16	65.5	15	65.5	17	50.5
18	71	17	67.5	18	61	17	71	16	72	18	56
19	79	18	74.5	19	68	18	78.5	17	79	19	62
20	87	19	82	20	76	19	86	18	86.5	20	63.5
21	95	20	90	21	85	20	94	19	94	21	75
22	1.05	21	98	22	91	21	1.02	20	1.02	22	81.5
23	1.11	22	1.06	23	99	22	1.10.5	21	1.10	23	88
24	1.19	23	1.15	24	1.07	23	1.18	22	1.18	24	95
25	1.27	24	1.25.5	25	1.15	24	1.28	23	1.26	25	1.02
26	1.35	25	1.31	26	1.23	25	1.37	24	1.34.5	26	1.09
27	1.43	26	1.40.5	27	1.31	26	1.43	25	1.43	27	1.16
28	1.52	27	1.45	28	1.40	27	1.55	26	1.51.5	28	1.23.5
29	1.60	28	1.58	29	1.48	28	1.64.5	27	1.63	29	1.31
30	1.69	29	1.68	30	1.57	29	1.75.5	28	1.68.5	30	1.38.5
31	1.77	30	1.77	31	1.65	30	1.85.5	29	1.77.5	31	1.46
32	1.86	31	1.87	32	1.74	31	1.95	30	1.85.5	32	1.53.5
33	1.95	32	1.97	33	1.83	32	2.07	31	1.95.5	33	1.61.5
34	2.05	33	2.05	34	1.92	33	2.12	32	2.04.5	34	1.69.5
35	2.15	34	2.11	35	2.01	34	2.22	33	2.13.5	35	1.77.5
36	2.25	35	2.25.5	36	2.10	35	2.32	34	2.22.5	36	1.85.5
37	2.35	36	2.34	37	2.19	36	2.42	35	2.32	37	1.95.5
38	2.45	37	2.45	38	2.29	37	2.52	36	2.41	38	2.02
39	2.55	38	2.55	39	2.38	38	2.62	37	2.51.5	39	2.10
40	2.65	39	2.63.5	40	2.48	39	2.72	38	2.60	40	2.18
41	2.75	40	2.73	41	2.57	40	2.82	39	2.69.5	41	2.26
42	2.85	41	2.82.5	42	2.67	41	2.92	40	2.79	42	2.34.5
43	2.95	42	2.93	43	2.76	42	3.02	41	2.88.5	43	2.45
44	3.05	43	3.02.5	44	2.86	43	3.12	42	2.98	44	2.52
45	3.15	44	3.12	45	2.95	44	3.20	43	3.07.5	45	2.60.5
		44.25	3.15	46.50	3.05			44	3.17	46	2.69
				47	3.15			44.55	3.20	47	2.77.5
				47.50	3.20					48	2.86
										49	2.94
										50	3.03
										51	3.11
										52	3.20
										52.5	3.25

650 FUT ANGLAIS. Fonds, 0,725 Bouge, 1,918		650 FUT D'ABSINTHE. Fonds, 0,810 Bouge, 0,980		656 BARRIQUE. Fonds, 0,840 Bouge, 0,935		660 BOTTE D'HUILE. Fonds, 0,844 Bouge, 0,911		670 FUT ANGLAIS. Fonds, 0,750 Bouge, 1,000		670 PIPE (GRANDE). Fonds, 0,735 Bouge, 0,900	
cent.	litres.	cent.	litres.	cent.	litres.	cent.	litres.	cent.	litres.	cent.	litres.
3	1	3	1	2	1	2	1.5	3	1	2	1
4	2	4	2	3	2	3	5	4	1.5	3	2
5	3.5	5	4	4	4	4	6.3	5	3	4	3
6	5.5	6	6	5	6.5	5	9	6	4	5	5
7	8.5	7	8	6	10	6	12.5	7	6	6	8
8	12	8	10	7	14	7	17	8	8	7	11
9	16	9	15	8	18	8	21.5	9	11	8	15
10	20	10	19	9	23	9	26.5	10	15	9	19
11	24	11	24	10	28	10	32	11	19	10	24.5
12	30	12	29	11	33	11	37.5	12	25	11	30
13	36	13	34	12	39	12	43.5	13	28	12	35
14	42	14	40	13	45	13	50	14	35	13	42
15	48	15	45	14	51	14	56.5	15	39	14	49
16	56	16	51	15	57	15	65	16	43	15	56
17	62	17	58	16	64	16	70	17	50	16	65
18	69	18	65	17	71	17	77.5	18	55	17	71
19	76	19	72	18	78	18	85	19	65	18	78
20	84	20	79	19	85.5	19	92.5	20	70	19	86
21	92	21	86	20	93	20	1.00	21	77	20	94
22	1.00	22	95	21	1.00.5	21	1.08	22	85	21	1.03
23	1.09	23	1.00	22	1.08	22	1.16	23	92	22	1.10.5
24	1.18	24	1.07	23	1.16	23	1.24	24	1.00	23	1.20
25	1.27	25	1.14	24	1.24	24	1.32	25	1.08	24	1.29
26	1.36	26	1.22	25	1.32	25	1.40.5	26	1.16	25	1.37
27	1.44	27	1.30	26	1.40	26	1.49	27	1.24	26	1.45
28	1.52	28	1.38	27	1.48.5	27	1.57.5	28	1.32	27	1.55.5
29	1.61	29	1.47	28	1.57	28	1.66	29	1.40	28	1.65
30	1.70	30	1.55	29	1.65.5	29	1.75	30	1.49	29	1.74
31	1.79	31	1.65	30	1.74	30	1.84	31	1.58	30	1.84
32	1.88	32	1.72	31	1.82.5	31	1.93	32	1.66	31	1.93
33	1.98	33	1.80	32	1.91	32	2.02	33	1.75	32	2.03
34	2.08	34	1.88	33	2.00	33	2.11	34	1.84	33	2.13
35	2.17	35	1.95	34	2.09	34	2.20.5	35	1.93	34	2.23
36	2.27	36	2.03	35	2.18	35	2.30	36	2.02	35	2.33
37	2.37	37	2.14	36	2.27.5	36	2.39	37	2.11	36	2.43
38	2.47	38	2.25	37	2.37	37	2.48	38	2.20	37	2.53
39	2.57	39	2.32	38	2.46	38	2.57.5	39	2.29	38	2.63
40	2.67	40	2.41	39	2.55	39	2.67	40	2.38	39	2.73
41	2.77	41	2.51	40	2.64	40	2.76.5	41	2.48	40	2.83
42	2.87	42	2.60	41	2.73.5	41	2.85	42	2.58	41	2.94
43	2.97	43	2.69	42	2.83	42	2.95.5	43	2.68	42	3.04
44	3.07	44	2.78	43	2.92.5	43	3.05	44	2.77	43	3.14
45	3.17	45	2.87	44	3.02	44	3.15	45	2.87	44	3.24.5
45.80	3.25	46	2.96	45	3.11.5	45	3.25	46	2.96	45	3.33
		47	3.06	46	3.21	45.55	3.30	47	3.06		
		48	3.16	46.75	3.28			48	3.16		
		49	3.25					49	3.26		
								50	3.35		

680 PIPE MONTPELLIER. Fonds, 0,760 — Bouge, 0,010		**690** PIPE MONTPELLIER. Fonds, 0,820 — Bouge, 0,957		**700** PIPE MONTPELLIER. Fonds, 0,770 — Bouge, 0,920		**726** MUID MONTPELLIER. Fonds, 0,895 — Bouge, 0,992		**740** GROSSE PIPE ABSINTHE. Fonds, 0,838 — Bouge, 0,960	
cent.	litres.	cent.	litres.	cent.	litres.	cent.	litres.	cent.	litres.
2	1	2	1	2	1	2	1	2	1
3	2	3	2	3	2	3	2	3	2
4	3	4	3.5	4	3	4	3	4	3
5	5	5	5.5	5	5	5	6	5	5
6	7	6	9	6	8	6	9	6	8
7	11	7	12	7	11	7	13	7	12
8	15	8	16	8	15	8	17	8	17
9	19.5	9	21	9	20	9	22	9	22
10	24	10	26	10	25	10	27	10	27
11	30	11	31	11	30	11	33	11	32
12	36.5	12	37	12	36	12	38	12	38
13	43	13	43	13	42	13	44	13	44
14	49	14	50	14	49	14	51	14	51
15	55.5	15	57	15	56	15	57	15	58
16	65.5	16	64	16	65	16	64	16	65
17	69.5	17	71	17	71	17	71	17	75
18	78	18	78	18	78	18	78	18	81
19	86	19	86	19	87	19	86	19	89
20	94	20	94	20	95	20	95	20	97
21	1.02	21	1.02	21	1.05	21	1.01	21	1.05
22	1.10	22	1.10	22	1.11	22	1.09	22	1.14
23	1.19	23	1.18	23	1.20	23	1.17	23	1.22
24	1.28	24	1.26	24	1.29	24	1.25	24	1.31
25	1.37	25	1.35	25	1.38.5	25	1.33	25	1.40
26	1.46	26	1.44	26	1.47.5	26	1.41	26	1.49
27	1.55	27	1.53	27	1.56.5	27	1.50	27	1.58
28	1.64	28	1.62	28	1.65	28	1.59	28	1.67
29	1.74	29	1.71	29	1.76	29	1.68	29	1.76
30	1.84	30	1.80	30	1.86	30	1.76	30	1.86
31	1.93	31	1.89	31	1.95.5	31	1.85	31	1.96
32	2.03	32	1.98	32	2.05	32	1.94	32	2.06
33	2.13	33	2.08	33	2.15	33	2.03	33	2.16
34	2.23	34	2.18	34	2.25	34	2.13	34	2.26
35	2.32	35	2.27	35	2.35	35	2.22	35	2.36
36	2.42.5	36	2.37	36	2.45	36	2.31	36	2.46
37	2.52.5	37	2.47	37	2.55.5	37	2.41	37	2.56
38	2.65	38	2.56	38	2.66	38	2.50	38	2.66
39	2.75	39	2.65	39	2.76	39	2.60	39	2.76
40	2.85	40	2.76	40	2.87	40	2.69	40	2.86
41	2.95	41	2.86	41	2.97	41	2.79	41	2.96
42	3.05	42	2.96	42	3.07.5	42	2.88	42	3.06
43	3.15	43	3.06	43	3.17.5	43	2.98	43	3.17
44	3.24	44	3.16	44	3.28	44	3.08	44	3.27
45	3.34	45	3.26	45	3.39	45	3.17	45	3.37
45.50	3.40	46	3.36	46	3.50	46	3.27	46	3.48
		46.85	3.46			47	3.36	47	3.59
						48	3.46	48	3.70
						49	3.56		

750		760		810		816		889		900	
BOTTE D'HUILE.		PIPE SAINT-GILLES.		GROSSE PIPE D'ABSINTHE.		PIPE ANGLAISE.		PIPE GRANDE.		PIPE GRANDE.	
Fonds, 0,850 Bouge, 0,950		Fonds, 0,800 Bouge, 1,010		Fonds, 0,820 Bouge, 0,980		Fonds, 0,790 Bouge, 1,000		Fonds, 0,925 Bouge, 1,050		Fonds, 0,860 Bouge, 1,050	
cent.	litres.	cent.	litres.	cent.	litres.	cent.	litres.	cent.	litres.	cent.	litres.
2	1	3	1 1/2	2	1	3	1	3	2	4	3
3	2	4	3	3	3	4	2	4	4	5	5
4	4	5	5	4	6	5	4	5	7	6	8
5	6	6	8	5	10	6	6	6	10	7	11
6	10	7	12	6	14	7	9	7	13	8	15
7	14	8	16	7	19	8	12	8	20	9	20
8	19	9	21	8	24	9	16	9	25	10	25
9	24	10	26	9	30	10	20	10	31	11	31
10	29	11	31	10	36	11	25	11	37	12	37
11	35	12	37	11	42	12	32	12	43	13	44
12	41	13	43	12	48	13	37	13	50	14	51
13	48	14	49	13	55	14	44	14	58	15	59
14	55	15	56	14	62	15	51	15	65	16	67
15	62	16	63	15	70	16	58	16	75	17	75
16	70	17	70	16	78	17	66	17	81	18	85
17	77	18	77	17	86	18	74	18	89	19	92
18	85	19	85	18	94	19	82	19	98	20	1.01
19	93	20	92	19	1.02	20	90	20	1.06	21	1.10
20	1.01	21	1.00	20	1.10	21	99	21	1.15	22	1.19
21	1.10	22	1.08	21	1.19	22	1.04	22	1.24	23	1.28
22	1.18	23	1.16	22	1.28	23	1.17	23	1.33	24	1.37
23	1.27	24	1.25	23	1.37	24	1.26	24	1.42	25	1.48
24	1.35	25	1.33	24	1.46	25	1.36	25	1.53	26	1.58
25	1.44	26	1.42	25	1.55	26	1.46	26	1.62	27	1.68
26	1.54	27	1.51	26	1.64	27	1.55	27	1.72	28	1.79
27	1.63	28	1.60	27	1.74	28	1.65	28	1.82	29	1.89
28	6.75	29	1.69	28	1.84	29	1.75	29	1.92	30	2.00
29	1.82	30	1.78	29	1.94	30	1.86	30	2.03	31	2.10
30	1.92	31	1.87	30	2.04	31	1.96	31	2.12	32	2.21
31	2.01	32	1.96	31	2.14	32	2.06	32	2.22	33	2.32
32	2.11	33	2.06	32	2.24	33	2.17	33	2.33	34	2.43
33	2.22	34	2.15	33	2.34	34	2.28	34	2.44	35	2.55
34	2.32	35	2.25	34	2.44	35	2.38	35	2.55	36	2.66
35	2.42	36	2.35	35	2.54	36	2.50	36	2.66	37	2.78
36	2.52	37	2.45	36	2.64	37	2.60	37	2.76	38	2.89
37	2.62	38	2.54	37	2.75	38	2.71	38	2.87	39	3.01
38	2.72	39	2.64	38	2.85	39	2.82	39	2.98	40	3.12
39	2.82	40	2.75	39	2.95	40	2.94	40	3.10	41	3.24
40	2.95	41	2.84	40	3.07	41	3.05	41	3.21	42	3.36
41	3.05	42	2.94	41	3.18	42	3.16	42	3.32	43	3.47
42	3.11	43	3.04	42	3.29	43	3.28	43	3.43	44	3.59
43	3.24	44	3.14	43	3.39	44	3.39	44	3.54	45	3.71
44	3.35	45	3.24	44	3.50	45	3.50	45	3.66	46	3.83
45	3.45	46	3.34	45	3.61	46	3.62	46	3.77	47	3.95
46	3.56	47	3.44	46	3.72	47	3.73	47	3.88	48	4.07
47	3.66	48	3.54	47	3.83	48	3.85	48	3.99	49	4.19
47.50	3.75	49	3.64	48	3.94	49	3.96	49	4.11	50	4.31
		50	3.75	49	4.05	50	4.08	50	4.22	51	4.44
				50	4.08			51	4.34	51.20	4.50
								51.5	4.40		

Pour faire un usage raisonné de cette table, il faut plutôt se guider sur la concordance des dimensions du bouge que sur la concordance des capacités ; si la table que l'on a choisie ne s'accorde pas avec la pièce à évaluer sur la hauteur du bouge, il faut augmenter de deux ou trois litres si le bouge de la table est moins élevé, et diminuer d'autant si le bouge de la table est plus élevé.

La raison en est que sur deux fûts de même contenance, mais inégaux en bouge et en longueur, le premier, que nous supposons avoir 0,80 de bouge, produira moins de litres de vidange avec la même hauteur de vide que le dernier, qui est supposé n'avoir que 0,75 de bouge.

Donc, moins de hauteur de bouge et plus de vidange par centimètre, et plus de hauteur, moins de vidange.

Il faut donc bien choisir dans les tables l'espèce analogue à celle que l'on a à évaluer, en observant de les faire concorder autant que possible avec la dimension du bouge.

FIN DE LA JAUGE.

PESAGE DES SPIRITUEUX.

Moyen de reconnaître la quantité d'alcool qu'ils contiennent.

Le pesage des spiritueux n'étant en quelque sorte que le complément des opérations de jauge, nous allons donner quelques explications sur l'alcoomètre et le thermomètre et sur la manière de s'en servir :

Alcoomètre centésimal.

Cet instrument, inventé par le savant Gay-Lussac, est gradué à son échelle, de manière à marquer zéro dans l'eau distillée et 100 degrés dans l'alcool pur. On a déterminé les degrés intermédiaires en plongeant successivement l'instrument dans des eaux-de-vie qui contenaient 1, 2, 3....., 99 centièmes d'alcool, et en marquant, au point où s'arrêtait l'instrument, le numéro de chaque division : on a formé par ce moyen une échelle de 100 degrés, inégaux en longueur, mais qui expriment chacun un centième d'alcool.

Par suite de perfectionnements dans la fabrication, on est arrivé à graduer l'alcoomètre sans avoir besoin de le plonger dans l'eau-de-vie pour marquer ses divisions. Il est gradué à la température de 15 degrés centigrades au-dessus de zéro.

Si, en pesant de l'eau-de-vie, l'alcoomètre descend dans le tube jusqu'à ce que la division 45 soit au niveau du liquide, cette eau-de-vie contient 45 parties d'alcool; le reste est de l'eau; s'il descend jusqu'à la division 90, le liquide contient 90/100 d'alcool. Donc en multipliant le nombre de litres par le degré trouvé, on obtient la quantité d'alcool pur contenue dans le fût; mais il faut avoir soin de retrancher les deux derniers chiffres qui n'expriment que des fractions de litre.

La base de ce calcul est la pesanteur spécifique du liquide, qui augmente ou qui diminue en raison de la quantité d'eau et de celle de l'alcool qui entrent dans le mélange. (Voir *Pesanteurs spécifiques.*)

Thermomètre centigrade.

Le thermomètre centigrade marque zéro dans la glace fondante et 100 degrés dans l'eau bouillante : l'espace compris entre ces deux points est divisé en 100 degrés égaux.

Le thermomètre de Réaumur est divisé en 80 parties égales, et quatre degrés de cet instrument équivalent exactement à cinq du thermomètre centigrade.

Effets de la température sur les liquides.

La chaleur dilatant les eaux-de-vie écarte leurs molécules et augmente à la fois leur volume et la force apparente. On peut s'en convaincre en remplissant un vase d'un liquide quelconque et en le faisant chauffer. Ce liquide, qui ne tarde pas à s'élever au-dessus des bords, marque à l'alcoomètre un degré supérieur à celui qu'il avait avant d'être chauffé.

Le froid produit un effet absolument contraire, c'est-à-dire qu'il condense, ce qui fait paraître le degré plus faible et le volume moins grand. La différence est peu sensible sur le volume, mais sur la force apparente, elle est souvent de plusieurs degrés : elle peut produire jusqu'à 12 p. 0/0 de différence sur les eaux-de-vie ordinaires.

La température ayant une grande influence sur les liquides, le législateur a réglé celle que doivent avoir les eaux-de-vie, pour que le degré marqué à l'alcoomètre soit regardé comme celui de leur force réelle imposable. Il a fixé, à cet effet, le quinzième degré centigrade, qui est celui de la température ordinaire de Montpellier.

Correction de la température.

Pour connaître le degré réel des eaux-de-vie, il faut vérifier le degré de force apparente avec l'alcoomètre, et le degré de température avec le thermomètre centigrade. Si la température est à 15°, le degré indiqué par l'alcoomètre est celui de la force réelle ; mais, comme ces eaux-de-vie ne sont pas toujours à cette température, l'auteur de l'instrument a donné le moyen de les ramener à leur véritable degré, en se servant de sa table de correction, intitulée : *Richesse en alcool.*

Cette table étant très-compliquée, il n'en sera donné ici qu'une analyse qui suffira à tous les besoins du service, en en faisant une juste application.

Ainsi, pour les spiritueux ayant :

			Degré.	
De 10	à	20 degrés.........	0,18	
— 20	à	30 d°	0,37	A ajouter ou à diminuer
— 30	à	45 d°	0,42	par chaque degré
— 45	à	60 d°	0,40	de chaleur ou de froid trouvé
— 65	à	80 d°	0,37	au-dessous ou au-dessus
— 80	à	90 d°	0,35	de la
— 90	à	100 d°	0,30	température moyenne.

Exemple.

Une eau-de-vie présentant 40 degrés à l'alcoomètre et 6 degrés au-dessus de zéro au thermomètre, on doit raisonner ainsi : De 6 degrés, température existante, à 15 degrés, température à laquelle toute eau-de-vie doit être ramenée, on compte 9 degrés de froid, qui, multipliés par 42 centièmes de degrés, produisent 3 degrés 78/100, qu'il faut ajouter au degré trouvé, ce qui le porte à 43 degrés 78/100, et compte toujours pour 43, toutes les fractions de degrés étant négligées pour ne le compter que quand il est acquis.

Cette même eau-de-vie à 40, est à la température de 24 degrés, on dit : de 15 à 24, il y a 9 degrés de chaleur, qui représentent, comme dans le cas contraire, 3 degrés 78/100, qui sont à diminuer de 40, force apparente, ce qui réduit le degré réel à 36.

Un esprit marque à l'alcoomètre 93 degrés, et au thermomètre 4 degrés au-dessous de zéro : on en conclut qu'il y a 19 degrés de froid, lesquels, multipliés par 30/100 de degré, produisent 5 degrés 7/10 à ajouter, ce qui porte la force réelle à 98 degrés.

Le même esprit à 93 marquant au thermomètre 23 degrés, on dit : de 15 à 23 il y a 8 degrés de chaleur, qui représentent 2 degrés 4/10 à déduire de 93, ce qui ramème à 90 degrés 6 et ne compte que pour 90.

Densité.

Terme didactique : épaisseur, compacité, pesanteur; il est opposé à rare.

Les corps sont plus ou moins pesants selon qu'ils ont plus ou moins de densité.

Condensation.

Action par laquelle un corps est rendu plus dense, plus compacte, plus serré.

Le froid condense les corps.

Dilatation ou raréfaction.

C'est ce qui arrive dans un corps lorsque, par la dilatation, il vient occuper plus d'espace qu'il n'en occupait auparavant. Il est opposé à condensation.

L'alcoomètre s'enfonce davantage l'été, parce qu'il y a dilatation, développement, et que le liquide occupant plus d'espace il y a moins de densité.

Moyen de reconnaître si un liquide contient de l'alcool.

On rencontre souvent des liquides qui font preuve à l'alcoomètre sans contenir de l'alcool ; tels sont les éthers, les schistes et toutes les essences dont la pesanteur spécifique est inférieure à celle de l'eau.

Pour s'assurer si ces liquides et autres contiennent de l'alcool, il suffit d'en mettre quelques gouttes dans un verre d'eau : si c'est de l'essence, elle surnage et forme des globules comme l'huile ; si au contraire il y a de l'alcool, ce liquide se mélange avec l'eau et la fait souvent blanchir comme quand on y met de l'absinthe.

ÉVALUATION des Degrés centésimaux en Degrés de Cartier.
à la température de 15° centigrades,

Degrés centési- maux.	Degrés de Cartier.	Degrés centési- maux.	Degrés de Cartier.	Degrés centési- maux.	Degrés de Cartier.	Degrés centési- maux.	Degrés de Cartier.	Degrés centési- maux.	Degrés de Cartier.
0	10,05								
1	10,25	21	13,78	41	16,88	61	22,82	81	31,26
2	10,43	22	13,52	42	17,12	62	23,18	82	31,70
3	10,62	23	13,67	43	17,37	63	23,55	83	32,28
4	10,80	24	13,84	44	17,62	64	23,92	84	32,80
5	10,97	25	13,97	45	17,88	65	24,29	85	33,35
6	11,16	26	14,12	46	18,14	66	24,67	86	33,88
7	11,33	27	14,26	47	18,42	67	25,05	87	34,43
8	11,49	28	14,42	48	18,69	68	25,45	88	35,01
9	11,66	29	14,57	49	18,97	69	25,85	89	35,62
10	11,82	30	14,70	50	19,25	70	26,26	90	36,24
11	11,98	31	14,90	51	19,54	71	26,68	91	36,89
12	12,14	32	15,07	52	19,85	72	27,11	92	37,55
13	12,28	33	15,24	53	20,15	73	27,54	93	38,24
14	12,43	34	15,45	54	20,47	74	27,98	94	38,95
15	12,57	35	15,65	55	20,79	75	28,43	95	39,70
16	12,70	36	15,85	56	21,11	76	28,88	96	40,49
17	12,84	37	16,02	57	21,43	77	29,34	97	41,35
18	12,97	38	16,22	58	21,76	78	29,81	98	42,25
19	13,10	39	16,43	59	22,10	79	30,29	99	43,19
20	13,25	40	16,65	60	22,45	80	30,76	100	44,19

Paris, imp. Paul Dupont.
Rue de Grenelle-St-Honoré, 45.